DESIGNING ACADEMIC ADVISING SYSTEMS

학사지도시스템 디자인

김미현·김현상·도경선 지음

연세대학교 대학출판문화원

학사지도시스템 디자인
DESIGNING ACADEMIC ADVISING SYSTEMS

2019년 10월 22일 1판 1쇄

지은이 김미현·김현상·도경선
펴낸곳 연세대학교 대학출판문화원
주소 서울시 서대문구 연세로 50
등록 1955년 10월 13일 제9-60호
전화 02) 2123-3380~2
팩스 02) 2123-8673
전자우편 ysup@yonsei.ac.kr
웹사이트 http://press.yonsei.ac.kr
인쇄 동호커뮤니케이션
ISBN 978-89-6850-367-2(93370)

값 12,000원

이 도서의 국립중앙도서관 출판예정도서목록(CIP)은 서지정보유통지원시스템 홈페이지(http://seoji.nl.go.kr)와 국가자료종합목록 구축시스템(http://kolis-net.nl.go.kr)에서 이용하실 수 있습니다.
(CIP제어번호 : CIP2019040522)

책머리에

대학이 위기에 처해있다고 관측하는 사람들이 많다. 2030년이 되면 50% 이상의 대학이 문을 닫을 것이라는 미래학자는 인터넷에 기반한 새로운 교육 플랫폼이 전통적인 대학 교육을 대체할 것이라고 역설하며(Frey, 2013)[1], '대학교의 종말(The End of College)'의 저자 Kevin Carey는 한 인터뷰에서 대학이 가졌던 교육 자원의 희소성이 정보기술의 발달로 보편화되었기 때문에 전통적인 대학들은 변화의 도전을 받게될 것이라고 예측하고 있다(Morella, 2015).

대학을 졸업하여도 더 좋은 기회나 성공이 보장되지 않는다는 사실로 대학의 존재 이유를 묻기도 한다. 맥킨지 컨설팅의 보고에 따르면 미국의 경우 대학졸업자의 48%가 학위가 없어도 할 수 있는 직업에 종사하는 것으로 파악되었다.[2] 중국의 Beijing Times는 대학 졸업자가 일자리를 찾아 대도시로 온 이주노동자들보다 한달에 약 44불 정도를 더 번다는 통계를 발표하였다.[3] 한국의 상황도 만만치 않다. 25~34세 청년층의 대학 교육 이수율이

1 Futurist Speaker 2013년 7월 5일자에 "By 2030 over 50% of Colleges will Collapse"라는 기사가 실렸음. https://futuristspeaker.com/business-trends/by-2030-over-50-of-colleges-will-collapse/에서 2019년 1월 23일 인출.

2 Forbes에 "Half of College Grads are Working Jobs that Don't Require a Degree"라는 제목의 기사가 실렸음. https://www.forbes.com/sites/susanadams/2013/05/28/half-of-college-grads-are-working-jobs-that-dont-require-a-degree/에서 2019년 6월 24일 인출.

3 The Wall Street Journal에 "Value of Chinese College Degree: $44?"이라는 제목의 기사가 실렸음. https://blogs.wsj.com/chinarealtime/2010/11/22/value-of-a-chinese-college-degree-44/에서 2019년 6월 24일 인출.

64%(2011년)로, 경제협력개발기구(OECD) 34개 회원국 중 가장 높다. 그렇지만 해당 연령대 대졸자의 취업률(75%)은 가장 낮은 수준이다.[4]

한국의 대학은 이에 추가하여 더 큰 도전에 직면하고 있다. 학령인구의 감소로 고등학교 3학년 재학생 숫자보다 대학 정원이 더 크다. '대학 알리미'에 따르면 2017년 4년제 일반대학 204개교중 80% 가량에 해당하는 163개교가 신입생 충원 미달 사태를 겪었다. 대학에 진학하지 않는 고졸자도 꾸준히 증가하고 있는 추세다.[5] 일부 고교생들 중에는 한국 대학이 아닌 미국을 포함한 다른 나라의 대학을 지원하는 경우도 많아 2018년도 교육부 발표자료에 따르면 2017년 기준 약 14만명의 한국인 학생들이 해외 대학 학부과정에 재학 중이다.[6]

여러 상황을 볼 때 대학이 어려움에 처해 있는 것은 분명하며, 이는 결국 한국의 대학들이 교육의 질과 패러다임을 근본적으로 다시 제고해봐야할 시점임을 시사한다. 정부에서도 2008년 교육역량강화지원사업을 시작으로 대학자율역량강화지원사업에 이르기까지 학부교육의 질 제고를 위해 다양

4 2014년 3월 5일자 중앙일보에 "대학 진학 OECD 1위인데 … 대졸 10명 중 4명 취업 못 해"라는 기사가 실렸음. https://news.joins.com/article/14065907에서 2019년 6월 24일 인출.

5 2018년 3월 25일자 중앙일보에 "[늙어가는 한국]대학입학정원, 고교졸업자 상회 가시화…대학 체질개선 함께 필요"라는 제목의 기사가 실렸음. https://news.joins.com/article/22472598에서 2019년 6월 24일 인출.

6 e-나라지표 유학생 현황자료를 근거하였음. http://www.index.go.kr/potal/main/EachDtlPageDetail.do?idx_cd=1534에서 2019년 10월 6일 인출.

한 사업을 진행해왔고, 이는 학부교육의 내실화를 위해 대학들이 노력을 기울여야 한다는 메시지로도 해석될 수 있다. 환경과 시대가 변하여도 학생들에게 있어서 대학은 중등교육과는 다른 본질적 공부를 하는 곳이라는 사실이 대학의 핵심적인 정체성이며 시대는 대학이 본연의 역할을 다시 생각하고 내실을 기할 것을 요구한다고 볼 수 있다.

최근 한국에서도 논의가 진행되고 있는 잘 가르치는 대학이라는 개념과 잘 가르치는 대학 진단 도구(University Environment Evaluation Scale)[7]는 역시 이러한 맥락에서 의미가 있다. 여기에서는 대학 캠퍼스의 물리적환경, 인간공동체환경, 학습지원환경, 문화적환경 차원에서 잘 가르치는 대학이 되기 위한 요소들을 살펴보고 있는데, 이 네 환경 중 인간공동체환경, 학습지원환경 그리고 문화적 환경은 학사지도와 직간접적으로 관련성이 있다. 특히 학사지도는 학생이 대학에서 학업과 성장을 위해 필요한 시각을 갖추도록 교육하는 동시에 이에 적합한 교육여건을 조성하는 활동이므로, 인간공동체 환경의 모든 세부 요소들은 학사지도의 지향 및 목적과 일치하고 있다.

이처럼 학사지도는 잘 가르치는 대학이 되기 위해 반드시 필요한 요소이

7 잘 가르치는 대학 진단도구(UEES: University Environment Evaluation Scale)는 대학 캠퍼스의 환경이 잘 가르치는 대학이 되기 위하여 얼마나 잘 갖추어져 있는지를 진단하는 도구로 성균관대학교 교육학과 배상훈교수가 이끄는 연구팀이 2018년 제 5회 International Forum on Inovation in Higer Education에서 소개하였다.

지만, 전문화된 시스템을 갖추고 체계적으로 학사지도를 제공하는 대학은 그리 많지 않다. 이는 필요한 재원에 대한 부담과 학사지도시스템의 역할 및 활용 가능성에 대한 이해의 부족에 따른 것이라고 생각된다. 사실 적절한 전문 인재를 확보하여 시스템을 구축하게 되면 시스템 스스로 지속하고 발전할 수 있는 토대가 형성된다. 구축된 시스템 내에서는 동일한 학사지도 교육목표를 가지고 일정 수준 이상의 학사지도를 수행할 수 있으며, 시스템 내에서 전문 인력 양성뿐만 아니라 신규 인력에 대한 교육도 가능하게 된다. 그리고 학사지도시스템을 통해 수집되는 학생들의 교육 경험에 대한 다양한 정보는 학부교육의 질 제고에 직접적으로 활용될 수 있으며 정책 수립 등에 활용될 수 있다. 또한 시스템에서 통합적 고려에 의한 의사결정이 가능하므로, 대학이 처한 상황이나 지향하는 바에 따라 자원을 분배하고 역량을 활용하는 과정이 더욱 효율적이고 수월해지게 된다.

연세대학교는 1999년 국내 최초로 전문인력을 선발하여 학사지도시스템을 운영하기 시작하였다. 학사지도시스템의 도입은 광역학부제 도입이라는 대학이 처한 환경 변화로 인한 것이었지만, 2010년 전공별 선발로 입학 전형이 바뀐 이후에도 학사지도시스템은 견실하게 운영되고 있다. 이는 학사지도를 전담하고 있는 학사지도교수그룹을 중심으로 변화하는 학생의 요구와 대학에 대한 시대적 요구에 효과적으로 대응하여 이를 통해 학부교육의 질을 향상시킬 수 있었기 때문이다.

이 책은 대학이 더 잘 가르치는 대학이 되는 데 학사지도시스템이 어떻게 기여할 수 있는지에 대한 이해를 제공하는 동시에 다양한 사례와 함께 학사지도시스템 구축을 위한 구체적인 방법을 제시하기 위해 쓰였다.

1장에서는 우선 학사지도란 무엇인가라는 질문을 중심으로 학사지도의 목적과 특성을 개괄하였다. 그리고 학사지도가 대학교육에 필요한 이유를 대학 교육의 효과 증진 및 학생에 대한 체계적인 이해, 학생들의 대학생활 적응 등과 관련한 여섯 가지 주제로 정리하였다. 아울러 학사지도시스템의 필요성은 인정하면서도 이를 실제로 도입함에 있어서 장애가 되는 부정적이거나 오해에 가까운 인식들이 무엇인지를 짚어보았다.

2장에서는 학사지도를 시스템으로 구현하기 위해 고려해야 할 요소를 선정하여 이에 대해 서술하였다. 우선 학사지도시스템의 핵심 주체가 되고 이를 운영할 전문가인 학사지도교수가 갖춰야 할 역량과 역할은 무엇인지, 이들이 어떻게 전문성을 신장시키게 되는지 등을 설명하였다. 두번째로 학사지도교수와 학생의 관계 설정이 어떻게 되어야 할 지에 대해 기술하였으며, 학사지도 형태에서는 교육 목적에 따라 어떤 형태의 학사지도 면담이 활용될 수 있는지 소개하였다. 마지막으로 학사지도시스템의 조직과 운영 유형에 따른 특성을 서술하여 각 대학에 도입 가능한 시스템 조직과 유형이 무엇일지 참고할 수 있도록 하였다.

3장에서는 학사지도의 구체적인 교육 내용과 효과를 설명하였다. 여기에서 실제 학사지도에서 다루는 주요 영역과 각 영역별 학사지도 목표, 학사지도 방법에 대해 서술하였다. 학년별 학사지도 편에서는 입학부터 졸업까지 학생들이 시기별로 대면하는 과업과 어려움이 무엇이며 이를 어떻게 지도할 수 있을 지에 대해 설명하였다. 이후 이어지는 대학에서의 공부, 진로탐색과 성장, 어려움을 겪는 학생들 편에서는 각각의 주제별로 학사지도에서 어떤 관점을 가지고 바라보고 있는지, 그리고 어떤 교육방안을 적용하여 지도하는 것이 효과적인지를 설명하였다.

4장에서는 더 나은 학사지도를 위한 자료수집과 평가시스템에 대해 다루었다. 교육에서의 평가는 교육활동에서 개선이 필요한 부분에 대한 정보를 얻고 이의 지속 여부를 결정하는 중요한 과정이다. 여기에서는 우선 학사지도 대상인 학생들에 대한 이해를 증진시킬 자료와 교육효과를 평가하는 자료를 어떻게 수집할 수 있는지를 다루었다. 그리고 이러한 자료를 바탕으로 학사지도시스템의 지속가능성과 발전을 위해 학사지도의 교육적 효과를 어떤 방식으로 측정할 수 있는지, 이러한 평가에서 고려해야 할 요소들이 무엇인지에 대해 설명하였다.

5장에서는 최근 대학교육에서 관심이 높은 주제인 학생성공(Student Sucess)을 위한 고효과 프로그램(High Impact Educational Practices)을 소개하였다. 여기에서는 학사지도 영역에서 기획하고 운영할 수 있는 고효과 프로그램을 선정하여 이 프로그램들의 목적, 사례, 효과를 위주로 서술하였고 실질적인 도움이 될 만한 지침을 제공하였다. 소개된 고효과 프로그램은 1학년세미나, 학습공동체, 외국인학생을 위한 입학 전 프로그램, 진로 개발 세미나 등이며, 여기에 학사지도에서 활용 가능한 유용한 도구로서 대학생활정보집과 학사지도 수업계획서에 대한 설명을 덧붙였다.

아무쪼록 이 책을 통해 대학교육에서 학사지도의 필요성과 의미에 대한 이해를 높이고 학사지도시스템이 여러 대학에서 구현되는 데에 작으나마 도움이 될 수 있기를 소망한다.

목 차

제1장

학사지도란 무엇인가?

학사지도의 목적과 특성

학사지도가 대학교육에 필요한 여섯가지 이유

학사지도에 대한 다섯가지 오해

학사지도는 고등교육의 교수-학습 미션을 토대로 하여 교육적 의도를 가지고 교과과정, 교육방법, 교육성과와 상호작용하는 과정이다. 학사지도는 학생들의 열망, 능력, 삶을 기반으로 하여 그들의 교육경험을 통합하고 맥락을 부여하며, 배움을 대학이라는 시공간 너머로 확장할 수 있도록 교육한다.

-Concept of Academic Advising, NACADA, 에서 발췌-

학사지도의 목적과 특성

"여기서 어느 길로 가야 하는지 가르쳐 줄래?"

고양이가 대답했다.

"그건 네가 어디로 가고 싶은가에 달려 있어."

"난 어디든 상관 없어."

고양이가 말했다.

"그렇다면 어느 길로나 가도 돼."

앨리스가 설명을 덧붙였다. "어디든 도착만 한다면..."

고양이가 말했다

"넌 어디든 도착하게 되어있어. 계속 걷다보면 어디든 닿게 되어 있거든...[8]

"Academic Advising Appraoches"라는 학사지도 방법론에 대한 저서는 루이스 캐롤의 유명한 소설 "이상한 나라의 앨리스"의 일부분을 발췌하여 학사지도가 무엇인지 설명하며 시작한다(Drake et al, 2013). 길 잃은 앨리스가 만난 체셔 고양이는 앨리스의 의견과 선택을 전적으로 수용하는 것처럼 보인다. 어디로 가야할지 묻는 앨리스에게 가기만 한다면 어딘가에 도달할 거라고 말하는데, 이는 사실상 앨리스를 방임하는 것이라고도 할 수 있다. 학사지도는 학생의 자율성을 기반으로 하지만, 체셔 고양이의 일견 현자 같은 선문답을 지향하는 것이 아니다. 학사지도는 학생들과 함께 교육적인 목표를 향해 가는 기획과 조직화를 수반하는 교육과정이다.

8 이상한 나라의 앨리스 (시공주니어 네버랜드 클래식1)에서 발췌하였음.

전미(全美)학사지도협의회(National Academic Advising Association, 이하 NACADA)는 학사지도를 교과과정, 교육철학 또는 학습 성과와 관련하여 의도적으로 이뤄지는 상호작용이라고 정의하고 있다(Gordon et al, 2008). 이와 더불어 학사지도의 목적으로 제시할 수 있는 여러 내용들이 공통적으로 담고 있는 바는 학사지도가 학생들의 학업과 진로 뿐만 아니라 개인적이며 사회적일 수 있는 다양한 사안에 대한 통합적인 교육을 추구한다는 것이다. 따라서 학사지도는 교과과정이나 졸업에 필요한 요건과 같은 기본적이고 정확한 정보의 전달을 포함하지만, 본질적으로 학생과의 지속적인 상호관계 속에서 학생들이 대학교육을 제대로 이해하고 활용하여 학생의 학업적 그리고 개인적 목표를 달성할 수 있도록 교육하는 것이다. 학사지도에 관한 NACADA의 개념에는 학사지도를 통해 학생들이 고등교육 공동체의 일원으로서 학생인 자신의 역할과 책임을 비판적으로 인식하며, 글로벌 커뮤니티와 민주사회의 교육받은 시민으로 성장한다는 내용까지 포함하고 있다.[9] 학사지도는 이처럼 대학생으로서의 통합적 성장을 지원하고 교육하는 과정이라고 볼 수 있으며, 필요한 경우 이는 제안, 상담, 훈련, 멘토링, 코칭 등 다양한 방식을 사용하여 구현할 수 있는 포괄적인 개념이기도 하다.[10]

위와 같은 학사지도의 목적과 관련된 기본 특성 중 첫번째는 학사지도가 학생 개개인에게 초점을 두고 있다는 것이다. 학사지도는 프로그램의 성격이나 기대 효과에 따라 집합적으로 진행되는 경우도 많다. 그렇지만 학생들의 발달 수준이나 필요에는 개인별로 다양한 차이가 존재한다. 학생 입장에

9 NACADA Concept of Academic Advising (2006)에서 발췌하였음.

10 https://nacada.ksu.edu/Resources/Clearinghouse/View-Articles/Definitions-of-academic-advising.aspx

서는 대학과 사회, 글로벌 환경까지 고려한 성장의 기회를 자신의 관심사나 성장의 단계에 따라 적절하게 선별적으로 수용하는 것이 중요하다. 이 과정에서 학생과 신뢰관계를 맺고 있으며 책임감을 가진 전문가가 이러한 선택에 대해 함께 고민하고 도와줄 수 있다면 학생은 주어진 자원을 활용하여 최대한의 성장을 도모할 수 있을 것이다. 특히 너무나 많은 기회와 다양한 정보를 검색 몇 번으로 수집할 수 있는 지금과 같은 시대에는 정보의 순위를 선별하고 적용 가능성에 관해 의논할 수 있는 기회가 학생들에게 더욱 중요하다. 무엇보다 요즘 대학생들은 다수를 대상으로 한 집합적인 지도보다는 개인의 특성과 차이에 관심을 둔 지도를 원한다. 학생 개인의 요구와 상황을 우선시하는 점이 학사지도의 가장 두드러진 특성이라고 할 수 있다

학사지도의 두번째 특성은 일반적인 상담이나 코칭 등과는 달리 대학교육의 일환으로서 대학에 소속된 전문가에 의해 시행되어야 한다는 것이다. 개별 교육기관은 해당 기관이 추구하는 교육목표와 비전을 가지고 있다. 해당 대학에 소속된 구성원이 아니라면 그 교육기관의 교육목표와 비전을 제대로 이해하여 학생에 대한 교육에 적용하는 것에 한계가 있을 수밖에 없다. 그리고 학생은 대학에 소속된 교육자가 학교를 대표하여 자신의 배움과 발전에 관심을 갖고 있다는 사실에서 자신의 대학에 소속감과 연대감을 형성하게 된다. 지도 학생에 대한 책임감을 가진 학사지도교수가 학생에게 건넨 관심 어린 조언과 교육이 한 학생의 도약을 위한 디딤돌이 되는 경우가 많다.

이처럼 학사지도는 강의실에서 이뤄지는 전통적 의미에서의 대학교육과

는 조금 다른 모습으로 보일 수 있으나, 학생이 대학공부를 공부답게 할 수 있도록 지원하는 대학 교육의 한 부분이다. 적절하고 효과적인 학사지도는 학생이 발전하고 성장하는데 기여하는 교육기관의 본질적인 기능을 잘 감당할 수 있도록 한다.

학사지도가 대학교육에 필요한 여섯가지 이유

학사지도의 의미에 대해서는 공감과 수용이 그다지 어렵지 않은 듯 하다. 그렇다면 학사지도는 구체적으로 어떤 측면에서 반드시 필요한 것일까? 이에 대한 견해를 여섯가지 항목으로 서술해 보았으며, 이는 결국 학사지도의 관점과 학사지도시스템이 대학이 고등교육기관으로서 제대로 교육을 수행하는 데에 필수적인 역할을 한다는 것으로 정리할 수 있다.

첫번째, 학사지도는 대학이 교육기관으로서 본연의 기능을 다하도록 촉진한다.

많은 대학들이 연구 중심 대학으로 자신의 정체성을 설정하고 투자와 노력을 기울이는 동안, 학부생에 대한 교육의 심화와 확장이라는 명제는 상대적으로 덜 중요하게 취급되었다. 하지만 대학에서 교육을 통해 학생의 잠재력을 끌어내고 성장시키는 것은 우열을 가릴 수 없이 중요한 대학의 본질이며, 대학교육에서의 학사지도는 강의, 연구와 더불어 교수가 맡아야 하는 기능이다. 지금도 오랜 전통을 가진 세계 최상위권 대학에서는 교수가 학사지도교수(Academic Advisor)로서 학생들과 긴밀한 관계를 가지며, 학업 및 이와 관련된 대학생활에 대한 의논과 조언을 하는 것이 매우 중요한 역할로 여겨지고 있다. 하지만 대학의 규모가 팽창하여 학생수가 많아지고 교수에 대한 평가가 연구를 중심으로 이뤄지면서, 교수가 연구와 강의를 수행하며 학생들에게 제대로 학사지도를 하는 것은 현실적으로 매우 어려운 일이 되었다. 현재 교수들에 대한 업적평가의 대부분은 교육과 연구, 그 중에서도 연구이

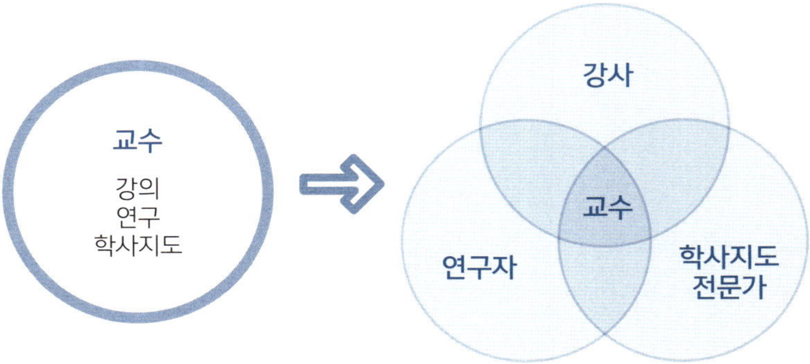

[그림 1] 대학 교원의 역할과 이의 분화

며, 학생들에 대한 지도를 포함하는 봉사는 약 10% ~ 20% 정도에 그치는 것이 현실이다(나민주, 2010).

이러한 상황에서 학생들에 대한 지도는 마음이 있다 하더라도 교수들에게 부차적인 활동이 될 수밖에 없다. 미국의 많은 대학들이 학사지도 분야를 전문화하여 운영하기 시작한 것은 이러한 상황을 인정하고 극복하기 위한 방안이었다고 할 수 있을 것이다. 국내에서는 1999년 연세대학교에서 최초로 전문 영역으로서의 학사지도를 전담하는 학사지도교수 제도를 운영하기 시작하였고, 이후 성균관대학교, 숭실대학교, 동국대학교, 서강대학교 등에서 학사지도 전문가 제도를 도입하였다. 전문 학사지도 제도는 학부교육에 무게가 다시 주어지는 최근의 상황을 고려할 때, 점차 확대 추이를 보일 것으로 기대된다.

두번째, 학사지도는 학생들이 대학교육의 목표와 철학을 이해하도록 교육한다.

한국의 고교 졸업생은 70%에 이르는 다수가 대학에 진학한다.[11] 이는 대학 진학 자체에 대해서는 고민하지 않는 상태로, 서열화된 대학 체제에서 뽑아주는 대학에 진학하는 것에 가깝다고 볼 수 있다. 그러다 보니 대부분의 대학생들은 대학교육을 중등교육의 연장선으로 인식하는 경향이 있다. 학생들은 대학에서 중등교육보다 좀 더 심화되고 전문화된 교과목을 배운다는 의미 외에 대학에서 무엇을 더 추구할 수 있는지 제대로 이해하지 못한 채 입학한다. 한국의 중등교육기관은 대입을 위한 준비 장소였고 그마저도 사교육에 의해 대체되어 외형만을 유지하는 상태에 불과하다는 지적조차 식상할 지경인데, 이제 대학이 각종 입사시험을 준비하는 기관에 불과하며, 학생들은 사회진출을 위한 경험과 스펙을 쌓는데 주력하고 있는 형편이다. 본질적인 교육의 목표가 왜곡되고 표류하고 있다는 점에서 학생들이 중등교육기관과 대학의 차이를 인식하지 못하는 것이 오히려 당연할지 모른다.

대학의 교육과정은 그 대학의 교육목표와 철학에 기반하고 있다. 현재 대학들은 변화하는 시대상황 속에서 대학교육의 의미를 다시 묻고 제대로 세우려는 고민과 함께, 미래를 향한 새로운 목표, 비전을 설정하기 위해 노력하고 있다. 그런데 이러한 노력이 대학차원에서 진행되고 있다해도 막상 학생들에게 이러한 고민과 비전을 전달하는 통로는 대체로 학교 홈페이지의

11 한국 대학진학율의 최근 5년 추이는 2013년 70.7%를 나타낸 이후 2017년 68.5%로 약간 감소했으나 2013년 OECD 평균 39%대비 월등히 높은 수치이다. (2018년 교육통계연구센터, 2013년 교육부 자료)

대학소개글 정도에 그치고 있다. 학생들이 현재 대학에서 진행되는 이러한 노력과 대학교육의 의미를 이해하지 않고 대학생활을 한다면, 대학이 목표로 하는 제대로 된 교육효과를 담보하기 어려울 것이다. 학사지도는 대학이 어떻게 시작되었고 시대적으로 어떤 발전방향을 가지고 있었으며 현시대에 어떤 의미를 가질 수 있는지를 적극적으로 조명하여 이를 교육하는 과정이기도 하다. 이 과정에서 개별 대학의 교육 목표와 그 바탕에 깔린 철학을 학생들과 공유함으로써, 학생들은 대학교육이 갖는 시대적인 그리고 개인적인 의미를 스스로 도출하게 된다.

세번째, 학사지도는 학생에 대한 다면적이고 다층적인 이해를 바탕으로 교육과정 개발과 정책수립에 기여한다.

대학교육이 성공하기 위해서는 학생이 대학에 대해 이해하는 것에 앞서서 대학이 학생들에 대해 제대로 이해하고 있어야 한다. 학생들이 가진 교육적 요구, 역량, 교육 배경 및 학생들이 대학에 대해 가지는 기대, 대학 이후의 계획에 이르기까지 이들에 대한 다면적이고 다층적인 이해는 필수적이다. 학사지도교수는 학생들을 가장 가까이에서 교육하면서 이들에 대한 체계적 분석을 수행하는 전문가이다.

함께 교육받는 학생들 간의 교육 배경 및 학습에 대한 요구에 어떤 차이가 있는지, 그러한 차이가 어떻게 다른 교육방식과 내용에 대한 요구를 만들어내는지 등에 대한 이해는 학생 특성을 고려하여 적절한 교육방법을 적용하기 위한 기본적인 정보가 된다. 학사지도는 직접 학생들을 만나 대학생활 적응 정도 등의 파악을 함으로써 외국인, 재외국민, 사회적 배려 대상 학생, 기타 고위험군 학생, 학업역량 우수학생 등 특별한 교육 프로그램을 필요로 하는 학생에 대한 심층적 이해와 분석에 큰 강점을 가진다. 그뿐만 아니라 빠르게 변화하는 사회 분위기에 따라 대학생 세대 자체의 성격도 계속 변화하고 있는데 이러한 시계열적 연구를 수행하는 것도 학사지도시스템에서 다루는 중요한 주제이다.

이처럼 학생들의 특성에 대한 분석과 이해, 대학 교육의 효과에 대한 피드백 체계가 학사지도를 통해 이루어짐으로써 대학 입장에서는 시행하는 교육 프로그램이나 제도의 성과를 양적 질적으로 평가하고, 이를 기반으로 교육과정 개발과 대내외적인 정책을 수립하고 발표하는 구체적인 근거를 가질 수 있다.

네번째, 학사지도는 학생들의 진로탐색과 계획수립, 실행을 지원한다.

대학생은 생애발달 과정 상으로는 성인기의 시작이자 미래를 의해 준비하는 시기이다. 그리하여 대학생의 가장 중요한 과업 중 하나는 앞으로 자신의 진로를 구상하고 이를 위한 방안들을 계획하고 실행하는 것인데, 이는 스스로에 대한 이해, 자신을 둘러싼 사회적 조건에 대한 이해, 구체적 직업이나 진로준비에 대한 이해라는 차원들이 그 과정 중에 고려되어야 한다. 사실상 학사지도의 가장 핵심적인 목표는 대학공부를 제대로 하게 하고, 이와 연결지은 진로탐색과 진로계획 및 이의 실행을 지원하는 것이라고 할 수 있다.

특히 진로탐색 및 실행의 기본이자 첫 단계인 '스스로에 대한 이해'는 그 자체로 다면적인 활동이다. 학사지도는 자신의 이해라는 차원에서 어떤 요소가 학생 개인에게 핵심적인지 인식하고 성찰하는 과정을 지원하고, 여기에 대학공부, 과외활동, 교내 자원들이 어떻게 활용될 수 있는지 보여준다. 또한 사회와 노동시장의 변화 등에 대한 정보와 이를 고려했을 때 학생이 고를 수 있는 선택지라는 환경 정보 자체를 제공하기도 하고, 이를 판별하는 과정을 지원하기도 한다. 그리고 학생의 전공, 개인적인 상황, 구체적인 정보를 조합하여 진로 경로를 구성하도록 지원한다. 이처럼 학사지도는 대학생의 가장 중요한 선택을 위해 함께 고민하면서 전문적인 코칭을 하는 과정이라고 할 수 있다.

다섯째, 학사지도는 대학교육과 여러 교육자원의 활용도와 효율을 높인다.

2000년대 이후 고등교육 담론에서 눈에 띄었던 것은 교육수요자로서의 학생이라는 개념이며, 이는 실제 학생들의 다양한 요구 또는 학생 관점에서 필요할 것으로 여겨지는 자원과 서비스, 교육제도 등의 발전 및 세분화를 불러왔다. 교육수요자 관점이 가진 문제점과 한계가 있긴 하지만, 이러한 관점은 각 대학의 교과과정 및 학위제도의 구성, 비교과과정, 학생들의 과외활동, 취업 지원 등에 있어서 학생의 구체적인 필요를 보다 세심하게 고려하여 학업과 이를 둘러싼 다양한 목적의 프로그램과 제도를 기획하고 운영하는 계기가 되었다. 그리하여 현재는 대학에서 마련하여 운영하는 무척 많은 제도와 프로그램들이 있으나, 학생들이 이를 충분히 이해하여 활용하는 수준은 기대보다 낮고, 웹사이트나 동료를 통해 알게된 캠퍼스 밖의 자원에 의존

하려는 경향이 높은 것으로 보인다.

학사지도는 학생들에게 이러한 상황에서 필요한 자원과 프로그램을 판별하는 역할 및 이의 기획과 실행까지 진행하기도 한다. 학사지도는 각 대학들이 운영하고 있는 전공과 학위제도, 다양한 교육제도와 자원, 서비스들에 대한 종합적인 이해와 구체적인 활용가능성을 파악하여, 개별 학생들의 특성과 필요에 맞게 제시하는 것을 포함하며, 이를 통해 학생들은 적시에 적절한 교내 자원을 이용하여 성장을 도모할 수 있게 된다. 대학의 입장에서는 운영중인 자원과 시스템의 활용도를 높여 효용을 추구할 수 있으며, 학생들에게 받는 적절한 피드백 등을 통해, 운영중인 자원과 시스템을 선별하여 추가적인 투입과 개발 여부를 판단할 수 있을 것이다.

여섯째, 학사지도는 학생들의 대학 선택과 재학율 유지에 도움이 될 수 있다.

현재도 치열한 대학 간 학생 유치 경쟁은 앞으로 본격화되는 학령인구 급감시대를 맞아 차원이 다른 국면을 맞이하게 될 것으로 보인다. 이러한 상황에서 학사지도시스템을 제대로 운영하는 대학이라면 그 대학이 가진 주요 교육요소 중 학사지도가 가진 특별한 강점과 효과를 부각시켜 학생들이 학교를 선택하는 데에 고려 요인이 되도록 적극 활용할 수 있다.

그리고 대학의 재학율을 높이는 데에도 학사지도는 주요 역할을 할 수 있다. 한국에서 대부분의 학생들은 대입 관련한 성적 및 자신에게 유리한 입시 전형에 맞춰서 대학을 선택하여 입학한다. 따라서 이들은 자신의 대학이

'유사한 등급'의 학교들 중 졸업장에 찍힐 학교 이름 외에 어떤 차별성이 있는지 제대로 알지 못한다. 최근의 설문에 따르면 학생 셋 중 한 명은 한 학기 동안 지도교수와의 만남이 없고, 큰 규모의 연구중심대학일수록 지도교수와의 면담 비율이 저조하게 나타나는 등 학생과 교수의 제대로 된 상호작용과 유대가 부족하다.[12]

이러한 상황에서 학사지도는 각 대학이 가진 교육 특성과 차별성을 입학생들에게 교육하여 소속 학교에 대한 신뢰와 그 속에서 자신의 성장 가능성을 볼 수 있게 한다. 이와 함께 학사지도교수와 지도 학생들은 개별적인 유대감을 가지게 되는데, 이는 학생들로 하여금 학교에 대한 소속감을 증대시키고 학교에 남아 공부할 수 있도록 하는 데에 의미 있는 역할을 할 수 있다. 교수와 대화가 많을수록 학생은 대학 구성원으로서 소속감을 더 많이 느끼고 다양한 학업 활동에 적극적으로 참여하며 학습동기가 고취된다. 또한 학생 자신이 겪는 어려움으로 인해 대학생활 적응에 실패하여 휴학이나 자퇴를 하는 경우도 있다. 다양한 이유로 학업을 지속하는 데에 장애물이 많은 학생들에게 학사지도는 실질적이고 구체적인 도움의 방안을 고민하고, 도움을 줄 수 있는 프로그램과 제도를 운영하거나 학생들에게 학교의 자원을 연결해 주기도 한다. 그리고 그러한 어려움을 조기발견하고 방지하여 이들이 학교생활을 마무리할 수 있는 기회를 마련함으로써 재학율을 유지하는 데에 일조할 수 있다.

---

12 2017년 8월5일자 중앙일보 'KAIST 학생 100%가 경험한, 고대생 63%는 못해본 '이것'은?' 이라는 교육관련 기사에 수도권 대형 대학의 교수학생 교류가 적다는 조사결과가 게재되었다. 2019년 7월3일 https://news.joins.com/article/21818356 에서 인출

학사지도에 대한 다섯가지 오해

학사지도에 대한 긍정적인 이해와 그 필요성에 대한 인식이 형성되어 있음에도 불구하고 학사지도시스템의 도입과 확산은 여전히 낮은 정도에 머물고 있다. 이러한 배경에는 학사지도와 관련한 오해가 여전히 남아있기 때문이라고 생각한다. 여기에서는 학사지도시스템을 구현하는 데에 장애가 되는 오해들을 정리해 봄으로써, 이들을 해소해 보고자 한다.

오해 1: 학사지도는 정보제공이다.

'우리가 대학에 다닐 때에는 수강신청과 졸업요건을 체계적으로 교육받거나 여러 정보에 대해 학교에서 나서서 알려준 적이 없었지만, 딱히 학교생활에 어려움을 겪지 않았다'거나, '성인인 대학생들에게 구체적인 학사지도는 필요 이상의 친절이라고 생각한다'는 대학 구성원들이 여전히 있다. 이러한 이야기들은 학사지도가 단순히 학생들에게 학사관련 정보를 제공하는 과정이라고 여기기 때문에 생기는 오해이다.

학사지도의 교육적 효과를 고려할 때, 각 전공의 학년과 학기별로 어떤 교양교과목과 전공교과목을 수강해야 하는지, 졸업요건이 무엇인지 등의 정보를 전달하는 것은 매우 중요하긴 하지만 기초적인 사항이다. 학사지도는 이러한 기초적이며 기본적인 정보의 전달을 넘어, 대학에서의 공부와 성장에 관해 종합적으로 교육하는 과정이다. 학생들은 학사지도를 통해 교과 체계가 전체 대학교육의 목표에 어떤 식으로 부합하도록 구성되어 있으며, 대학교육의 목표는 왜 그렇게 설정되어 있는지, 대학에서 공부를 하는 의미는 무엇인지, 개인 차원에서 자신의 진로와 관련하여 어떤 공부를 할 수 있으며 이를 위해 마련된 제도는 무엇인지, 이러한 정보와 자료를 활용하여 학업계획을 어떻게 짤 수 있는지, 그리고 공부를 하다가 어려움에 부딪히면 어떤 도움을 받고 어떻게 해결해 나갈 수 있을지 등을 배운다.

그리고 학사지도의 과정은 학생과 학사지도교수 간의 신뢰와 친밀감에 기반한 책임있는 관계를 전제로 하여, 학생의 개별적인 발달 상황과 각기 다른 관심사를 고려한 상호 의논 과정이기도 하다. 학생들은 학사지도를 통해 자신의 상황 및 진로와 연결한 자원을 판별하고, 의사결정을 하는 기준과 시각을 갖추게 된다.

오해 2: 학사지도는 심리상담이다.

학사지도교수는 학사지도의 주요 형태인 개별 면담을 통해 학생특성 및 학생을 둘러싼 주변 환경에 대한 종합적인 이해를 바탕으로 학사지도를 하며, 학생은 편안한 분위기에서 당면한 문제를 객관적으로 바라볼 수 있는 기회를 가질 수 있다. 그런데 학생과 학사지도교수가 일대일로 만나서 학사지도를 하는 형태 때문에 종종 학사지도와 심리상담을 혼동하기도 한다.

학사지도와 심리상담은 상호간에 라포(Rapport)를 형성하고 개인적인 사안에 대해서 고민한다는 점에서 공통점을 가지고 있다(Lowenstein, 2005). 심리상담은 다양한 치료기법과 기술을 통해서 심리적·정신적 문제를 다루는데 초점을 두며 심리상담 전문가에 의해 수행된다. 실제 많은 대학들은 심리적·정신적인 문제를 내포하고 있는 학생들을 지원하기 위해서 상담센터를 마련하여 운영하고 있다. 이에 비해서 학사지도는 특히 대학에서의 학업수행을 가장 상위에 두면서 성공적인 대학생활을 통해 대학 이후의 삶을 효과적으로 준비할 수 있도록 돕는 교육 활동이다.

학사지도의 주된 목표는 학생과의 상호작용을 통해서 학생 스스로 대학의 교육과정 및 다양한 교육프로그램의 교육적 효과를 얻을 수 있도록 지원하고 교육하는 것이다. 따라서 학사지도는 대학교육의 맥락에서 학사지도교수 또는 학사지도를 담당하는 전임교수에 의해 모든 학생들을 대상으로 실시된다. 학사지도를 실시하는 전문가는 학생중심적 사고와 종합적 판단능력을 갖추고 대학의 교육철학 및 교육과정에 대한 깊이 있는 이해를 가지고 있어야 한다. 만일 학사지도과정에서 대학생활에 어려움을 야기하는 학

<표1> 학사지도와 심리상담의 주요 특징 비교

구 분	심리상담(Counseling)	학사지도(Academic Advising)
목표	학생의 내적 성장과 발달을 지원 (인지적, 감성적 측면 포함)	학생과의 상호작용을 통해서 학생 스스로 교육과정 및 다양한 교육프로그램의 교육적 효과를 얻을 수 있도록 지원 및 교육
주요 기능	심리상담(Counseling)	대학 교육(College Education)
담당자	심리상담 전문가	전문 학사지도교수 또는 전임교수
자격	심리상담 학위 또는 그에 준하는 자격증을 소지한 전문가	학생 중심적 사고, 종합적 판단능력, 대학교육 및 교육과정에 대한 이하수준이 높은 전문가
대상	심리적·정신적 어려움을 겪는 학생	모든 학생

생의 심리적·정신적 문제가 발견될 경우에는 적극적으로 교내 상담센터 전문가의 도움을 받도록 연계하거나 심리상담을 권유할 수 있다.

오해 3: 학사지도는 고비용이다.

학사지도시스템을 운영하기 위해서는 기본적으로 전문역량을 갖춘 학사지도교수의 채용과 학사지도를 위한 물리적인 공간, 그리고 행정적인 지원이 필요하다. 많은 대학들이 전문화된 학사지도의 필요성을 인식하고 있지만, 이러한 부분에 대한 부담으로 인해 학사지도를 시스템으로 마련하는 것을 주저한 채 교수들과 행정분야에 학사지도 업무를 추가적으로 부여하는 임시방편적인 제도를 운영하는 경우가 많다.

그러나 학사지도시스템이 제대로 운영된다면 학생들은 전문가의 조언을 기반으로 하여 자기주도적으로 성공적인 대학생활을 할 수 있는 교육을 받게 된다. 이러한 과정에서 학생들은 학교에 대한 소속감을 키우게 되며, 보다 다양한 대학생활을 경험하고 졸업 후의 삶을 준비할 수 있게 된다. 이는 대학차원에서 학생 이탈률 감소, 학교가 운영하는 학생 대상의 제도와 자원의 이용자와 이용율 증가 같은 효과를 가져올 수 있다. 또한 학사지도를 학사지도교수가 기획하고 전담함으로써 교수들은 연구와 강의에 보다 역량을 집중할 수 있다. 학사지도교수 채용에 따른 인건비와 학사지도시스템 운영을 위한 비용이 소요되지만, 학사지도는 교육의 효과를 높일 뿐만 아니라 대학 자원의 효과적 배분과 활용에도 기여할 수 있는 것이다.

오해 4: 학사지도는 대학교육을 위한 부수적인 영역이다.

대학 교원에게 학사지도란 일차적으로 연구와 강의에 집중한 이후 여력이 있으면 하는 것으로 인식되는 경향이 있다. 그러나 연구, 강의와 함께 학생들에 대한 개별적이고 체계적인 학사지도는 대학교육의 본질적인 역할 중 하나이며, 최근의 사회적 변화는 이의 강화를 요구하고 있다. 대학의 교육목표는 이제 일생 동안 스스로 학습하며 새로운 지식을 습득하고 실제 적용할 수 있는 역량을 갖춘 능동적인 학습자를 키우는 것으로 확장되어 가고 있다. 우리나라의 경우 특히 입시위주의 교육구조와 환경 탓에 수동적인 학습자로 길들여져 대학에 입학하는 학생들이 대부분이다. 그렇기 때문에 이들이 현재 대학이 지향하는 교육에 효과적으로 임하고, 이를 바탕으로 변화하는 사회에 잘 적응할 수 있는 인재로 성장하기 위해서는 대학 내에서 학생들의 수동적인 학습태도를 변화시킬 수 있는 교육의 경험이 필수적이다.

학사지도는 대학생들에게 대학공부에 대한 깊이있는 이해, 대학제도의 이해와 대학에서의 학업계획 수립, 그리고 대학공부와 관련된 방법적 조언 등 대학교육의 효과를 높일 수 있는 다양한 교육을 수행한다. 그리고 학생의 개별적인 특성 및 주어진 여건을 고려하여 시기적절하고 실질적인 도움이 되는 경력개발 관련 경험과 정보를 제시한다. 이를 통해 학생들은 대학공부에 대한 본질적 이해를 바탕으로 대학공부에 깊이를 더할 수 있으며 성공적인 진로준비를 위한 계획 수립과 실행의 기반을 마련하게 된다.

오해 5: 학사지도는 누구나 할 수 있는 영역이다.

최근 국내 대학에서도 점차 학사지도의 필요성과 교육적 효과를 인식하고 학내에 학사지도를 제공하기 위해서 전임교수들에게 학사지도의 책무를 더 많이 부과하는 움직임이 있다. 학생들은 학사지도를 통해 교수와 개인적인 면담 기회를 가짐으로써 재학하고 있는 학교에 대한 소속감 증대, 교수와의 유대감 형성, 아울러 전공교육에 대한 도움 등을 받을 수 있다. 하지만 교수의 입장에서 이는 업무부담이 증가하는 것이며, 이들이 학사지도에 전문성이 있는 것도 아니어서 투입하는 시간과 노력만큼의 교육효과를 얻기도 어렵다.

학사지도를 단순히 정보제공으로 간주하고 대학 행정에 학사지도 기능을 부여하는 경우도 있다. 그러나 이는 일괄적인 정보의 제공에 그치기 쉬우며, 학생 개인의 상황에 맞추어 적용하거나 심도있고 지속적인 교육으로 연결되기 어렵다. 무엇보다 학사지도의 본질은 교육이므로, 행정의 일부로 다루어질 수도 없는 것이다.

학사지도교수는 대학공부에 대한 통합적인 관점을 학생과 공유하고, 대학교육의 의미나 교과목에 대한 통합적 해석을 지도하는 교육목표를 가진다. 따라서 전공분야에 대한 지식과 정보뿐만 아니라 고등교육 현장에서 학생들이 공부에 대한 관점을 형성하고 개인의 목표를 설정하여 성장할 수 있도록 교육한다(Lowenstein, 2015). 또한 학사지도교수는 개별 학교의 교육철학을 잘 이해하고 학생의 기대와 소속된 학교의 가치를 조율함으로써 학생들이 대학에 대한 소속감을 높이고, 다양한 대학생활 경험을 바탕으로 성공적인 대학생활을 성취할 수 있도록 조력한다. 이러한 전문성은 학사지도를 전업으로 하면서 다년간의 축적된 학사지도 경험과 다양한 재교육 과정을 통해야만 형성이 가능한 것이라고 할 수 있다.

제2장

학사지도 시스템은 어떻게 구성되는가?

학사지도교수

학사지도교수와 학생의 관계 설정

학사지도 형태

학사지도시스템 조직과 운영 유형

학사지도는 대학교육의 필수적인 영역으로서, 다방면으로 학생들에게 영향을 끼친다. 학사지도는 학생의 학습과 성장에 영향을 끼치며, 이는 학생 스스로가 교육의 주체이자 공헌자로 설 수 있는 기회를 제공한다.

-Core Value 1, The Statement of Core Values of Academic Advising, NACADA, 에서 발췌-

학사지도교수

학사지도는 역설적이게도 오래된 역사를 지녔지만 새로운 직무 영역이다(Kimball et al, 2013). 학사지도는 교수의 업무로서 늘 수행되어 왔다고 볼 수 있지만, 이 영역이 전문적인 분야로서 인식되고 다루어지기 시작한 것은 학사지도의 전문화를 선도하고 있는 미국 고등교육 현장에서도 상대적으로 최근의 일인 것이다.

이처럼 아직 전문화의 역사가 길지 않기 때문에, 현재 여러 대학의 학사지도 실태는 그 대학이 학사지도에 부여하는 중요성, 학사지도를 보는 시각, 이를 통해 기대하는 교육의 수준과 내용 등에 따라 매우 다양한 수준과 형태를 띠고 있다. 그러나 학사지도를 전문화된 시스템으로 구축하여 그 효과를 얻고자 한다면, 다양한 모습의 학사지도시스템들에게서 공통적으로 꼽을 수 있는 중추적인 요소는 학사지도교수이다. 시스템의 운영자이면서 교육으로서의 학사지도를 기획하고 수행하며, 이를 재구성하고 다시 발전시키는 주체가 학사지도교수이기 때문이다.

여기에서는 학사지도시스템 구성에 있어서 가장 중요한 축을 담당하는 학사지도교수에 대해 다루고 있다. 우선 학사지도교수가 대학교육에서 수행하는 실제 직무가 무엇이고 그러한 직무를 위해 갖추어야 하는 역량에는 어떤 것이 있는 지 살펴보았으며, 신임 학사지도교수가 보다 유능한 전문가로 발전해 가는 과정이 어떻게 진행되는 지에 대해서는 학사지도교수의 경험 수준에 따른 발달단계를 설명함으로써 보여주고자 하였다. 이로써 누가 학사지도교수가 되기에 적합하며, 이들이 어떻게 탁월한 학사지도를 수행할 수 있는지 설명하고자 한다.

학사지도교수의 직무와 필요 역량

학사지도를 전문분야로서 발전시키는데 있어 가장 적극적이었으며, 이와 관련한 경험이 가장 많이 축적된 곳은 미국의 대학이라고 볼 수 있다. 앞서 언급하였던 NACADA는 미국의 학사지도 연관 연합체로서, 1970년대에 출범하였으며 이제 50년 가까이 학사지도에 관한 자료와 개념들을 정리해오고 있다.[13] NACADA에서 보는 학사지도교수의 직무영역은 학업 및 수강지도, 전공지도, 진로지도, 대학생활지도, 학생지원 그리고 기타의 총 여섯가지로 구분되어 있으며, 각 영역별로 구체적인 직무내용도 제시되어 있다. 이 내용을 기반으로 하여 우리나라 대학의 전문 교원으로서 학사지도교수가 담당할 직무들을 정리한다면 이는 크게 (1) 대학의 교육과정 및 학업설계에 대한 지도, (2) 진로탐색 및 진로계획에 대한 지도, (3) 대학생활 지도, (4) 학사지도시스템 운영 및 지원으로 구분해 볼 수 있다. 학사지도교수는 무엇보다 학생들이 대학에서의 학업수행을 제대로 할 수 있도록, 그리고 이를 기반으로 미래의 계획을 수립하고 이를 실행할 수 있도록 지도하고 조력하는 역할을 해야 한다. 또한 고등학교에서 대학이라는 새로운 환경에 진입하는 전환기의 학생들이 대학에서 제대로 적응할 수 있도록 교육하여야 하며, 이러한 전체적인 과정이 학사지도시스템 내에서 운영될 수 있도록 기획하고 실현하는 역할도 수행한다. 이러한 역할의 구체적인 내용을 직무영역별로 정리한 내용이 <표2>이다.

---

13 http://www.nacada.ksu.edu/Resources/Clearinghouse/View-Articles/Become-an-Advisor.aspx

<표2> 학사지도교수의 직무 영역 및 내용

직무 영역	내용
대학의 교육과정 및 학업설계 지도	• 소속 대학의 학칙과 교육과정 및 졸업요건에 대한 정보와 이해를 바탕으로 담당학생에게 적절한 수강지도 수행 • 교과체계와 교과목 변경, 주요 학사일정, 대학의 추진계획, 학칙, 교육부나 교육청 지침 내용 파악 및 지도 • 담당 학생의 특성 및 교육적 요구를 정확히 파악 • 담당 학생의 학업성취수준을 파악하고, 학업에 어려움을 주는 요인을 해결할 수 있는 학사지도를 실시 • 담당 학생의 전공 결정 및 변경 추이를 파악하고 이 과정에서 전공에 대한 이해를 진작하고 진로준비와의 연결을 모색하는 학사지도 실시
진로탐색 및 진로계획 지도	• 변화하는 사회 특성에 맞는 진로준비 및 진로계획 지도 • 담당 학생의 진로성숙도 수준을 파악 • 담당 학생의 진로탐색 및 진로계획 과정에서 직면한 어려움을 파악하고 학사지도차원에서 해결할 수 있는 방법 모색 및 실행
대학생활 지도	• 학년별 및 학생특성별 대학생활에 대한 이해를 바탕으로 적절한 학사지도(면담이나 교육프로그램 등)를 실행 • 학내 다양한 교육기회나 프로그램에 대한 이해를 갖추며 담당자와 유기적인 업무협조
학사지도시스템 운영 및 지원	• 담당학생의 정보 및 이의 공유에 대한 학칙을 이해하고 실행 • 학생과의 면담기록 유지 및 관리 • 학사지도를 위한 전문자료 제작

그리고 이러한 학사지도교수의 직무를 충분히 수행하기 위해서는 아래와 같은 역량이 필요하다.

- 대학 내 자원과 정보의 수집, 보유 및 이의 활용 역량
- 필요한 지식을 효과적으로 전달할 수 있는 교수학습 역량
- 학생이 해결하고자 하는 문제를 공감하고, 정확히 이해할 수 있는 의사소통 역량

- 학생 스스로 발전할 수 있는 기회를 교육적 차원에서 제공할 수 있는 역량
- 윤리적이며 수준 높은 의사소통역량 및 협업 역량
- 한국의 교육상황에 대한 전문적인 이해와 지식 역량

위와 같은 직무의 내용과 역량을 고려할때, 신임 학사지도교수는 대학원 과정을 이수하여 적어도 석사이상의 학력을 갖추고, 이후에 전공영역 또는 대학에서 필요로 하는 업무영역에서 일정기간 이상의 경험을 갖춘 경력자로 선발할 필요가 있다. 학사지도에 대한 통합적 시각과 학문분야에 대한 경험의 깊이를 동시에 추구하려면, 개별 전공 영역에서 박사학위를 취득한 뒤 해당 전공분야의 학문적 추구만을 지향하지 않으면서도 고등교육 현장에서 학생 교육에 참여할 수 있는 기회로서 학사지도교수라는 직무를 양성할 수도 있을 것이다(Lowenstein, 2015). 학사지도교수의 전공은 교육학이나 심리학 등으로 제한될 필요가 없으며, 학사지도교수들의 다양한 전공에서의 경험과 균형잡힌 관점은 전문 학사지도시스템에 관점의 확대와 여러 전공 분야 학생들 지도에 긍정적인 효과를 줄 수 있다. 그리고 마지막으로 교육자로서의 책임감을 포함한 건강한 인성도 반드시 필요하다고 할 수 있다.

학사지도교수의 전문성 확보와 발전

앞서 학사지도의 핵심적인 직무영역과 학사지도교수로서 필요한 역량에 대해 살펴보았다. 그런데 학사지도 영역이 전문화된 대학의 교육 분야로 여전히 정립되는 과정에 있다는 사실은 학사지도 분야에 부여하는 학위나 학

사지도를 전문적으로 수행한 경력자 자체가 많지 않으며, 제대로 된 전문가를 육성하는 교육과 수련의 내용이나 자격요건 등도 정형화된 과정으로서 정립되어 있지 않다는 뜻이기도 하다. 그러나 기본적으로 학사지도는 대학생과의 상호작용을 통한 교육이므로, 학사지도의 전문성 확보에는 고등교육에 대한 이해 및 이와 관련한 경험, 그리고 학생과의 효과적인 상호작용을 위한 수련과정과 경험을 통한 발달이 필수 요소라고 할 수 있다.

학사지도교수는 경험의 수준에 따라서 학사지도를 수행하는 관점, 신념, 지식과 행동 등이 보다 깊이를 갖추며 발전하게 되는데, 이러한 일련의 변화 발전 과정을 형성단계-성장단계-성숙단계의 3단계로 구분할 수 있다.[14] 우선 학사지도 경력이 대략 1~2년 미만인 신임 학사지도교수는 형성단계로서, 학생들의 하는 질문에 대해 정확한 답을 주는 것이 학사지도라고 생각하는 경향이 있다. 그러나 학생들의 모든 질문에 대해 막힘없이 답을 하는 것도 쉽지 않은 일이며 특히 학생들의 이야기를 들으면서 대답을 구상하는 데에 신경을 쓰느라 학사지도에 있어서 중요한 언어적 또는 비언어적 정보를 놓칠 확률이 높다. 아직 형성단계에 있는 학사지도교수는 학생과의 적극적인 상호작용 기반 학사지도를 구현하는 데에 이르기 어렵고, 지식과 정보를 전달하는 수준의 학사지도를 실시한다. 이 단계를 지나 대략 3~5년 정도의 경험을 가진 성장단계의 학사지도교수는 학사지도관련 정보와 지식에 익숙하며 다양한 학생들과의 학사지도 경험을 기반으로 자신의 학사지도 스타일을 구축하게 된다. 하지만 학생의 요구나 특성을 포착하는 것에 앞서서 자신

14 학사지도교수의 발달에 관한 내용은 Advisers Develop, Too: Theory and Practice in the Development of Advisers, NACADA National Conference, Washington DC의 발표문을 참고하였다.

이 가진 지식과 정보 모두를 학생들에게 전하려고 하거나 학사지도를 자신이 기획한 대로 주도하려는 성향이 두드러져 학생의 개별적 차이와 필요를 미처 포착하지 못하는 학사지도를 할 가능성이 높다. 이러한 단계를 지나 경력이 6년 이상 축적되면 일반적으로 성숙단계에 진입한다. 성숙단계에 이르면 학사지도교수는 자신의 스타일로 능숙하게 학사지도를 수행하게 된다. 이때에는 모든 학생들에게 모든 정보를 전달하려고 하기보다는 개별 학생의 교육적 요구와 성향을 파악하고, 학생에게 적절한 정보의 양을 조절하며 이의 제시 방식을 특화 할 수 있는 역량을 갖추게 된다. 또한 그간의 교육경험을 바탕으로 하여 대학에서 필요로 하는 학사지도의 발전 방향과 비전에 대해서도 견해를 가지게 된다.

<표3> 학사지도교수의 발달단계와 특징

단계	경력기간	특징
형성 단계	1~2년	• 학생과의 적극적인 상호작용 기반 학사지도 구현이 어렵고, 지식이나 정보전달 중심의 학사지도를 시행함 • 학생들의 모든 질문에 대해 막힘없이 답을 하는 것도 도전이 되는 단계임 • 학사지도 과정에서 언어적 또는 비언어적 정보 파악이 어려울 수 있음
성장 단계	3~5년	• 학사지도관련 정보와 지식에 대해 익숙하고, 자신만의 학사지도 스타일을 구축하고 학사지도를 함 • 학사지도교수 주도의 학사지도를 실시함으로써, 자신이 가진 모든 지식과 정보를 학생들에게 전하려는 경향이 강함
성숙 단계	6년이상	• 자신만의 고유한 스타일로 학사지도를 능숙하게 수행함 • 개별 학생의 교육적 요구를 파악하고 그에 적절한 정보의 양과 제시방식을 특화할 수 있는 역량을 갖춤 • 학사지도의 전망과 발전방향에 대한 고려를 할 수 있음

고려해야 할 점은 모든 학사지도교수들이 성공적으로 형성-성장-성숙의 단계를 거치며 발전하지는 않는다는 것이다. 경우에 따라서는 형성 또는 성장의 단계에서 지연되거나 정체하는 사례도 있을 수 있다. 학사지도교수가 순조롭게 발전하여 보다 높은 수준의 전문성을 갖추고 효과적인 학사지도를 할 수 있는 단계에 이를 수 있으려면 대학 차원에서의 지원이 반드시 필요하다. 대학은 학사지도교수가 교육자로서 가지는 경험의 중요성을 인식하고 이들이 지속적인 발전을 해 나갈 수 있는 업무환경을 제공하며, 학사지도교수가 스스로의 교육경험을 평가하고 향상시킬 수 있도록 지원하여야 할 것이다.

학사지도교수와 학생의 관계 설정

"교수님, 대학에서 첫 1년을 보내고 이제 2학년이 되네요. 감사하게도 1년의 대학생활을 통해 관점의 폭과 깊이를 넓힐 수 있었습니다. 모든 게 불확실했지만 그 속에서 스스로의 확실성을 정립해나가는 과정이 제게 큰 밑거름이 된 것 같습니다. 지난 1년 동안 교수님의 지도가 큰 도움이 되었습니다. 본격적으로 전공 공부를 시작하는 2학년이 되니 대학생활이 더욱 기대됩니다. 학업에 더 열중하는 동시에 다양한 활동을 이어나가며 시야를 확장하겠습니다. 감사합니다."

2학년이 되는 학생의 이메일 중에서

대학생들은 성인으로서 독립적인 의사결정을 내려야 하는 상황을 경험하게 된다. 이를 자연스럽게 받아들이는 경우도 있지만 혼란을 겪거나 결정 자체를 어려워하는 경우도 많다. 부모 등이 자신을 위해 판단과 결정을 해 왔는데, 스스로 결정을 내려야 하는 상황이 되면서 많은 부담과 어려움을 경험하기 때문이다. 그리고 대학 입학 후에 학생에게는 교과목 선택부터 과외 활동, 진로개발, 인간관계의 폭과 깊이 등 크고 작은 선택의 상황이 주어지게 된다. 이 과정에서 학생은 자신보다 많은 정보와 경험을 가진 사람에게 조언을 구하려고 한다. 대부분의 경우 선배로부터 조언을 구하고 일부 학생들은 지도교수에게 도움을 청한다.

학교 선배들이 주는 정보는 세부적이고 유용할 수도 있으나, 개인의 경험에 국한된 주관적이고 편향된 경우가 많다. 학사경고를 받은 학생들 중에는

‘선배님들이 좋다고 추천해주신 과목들만 신청했는데 이런 결과가 나올 줄은 몰랐습니다’ 라고 말하며 저조한 성적에 대한 원인을 선배들의 조언 탓이라고 하는 경우도 종종 있다. 신입생의 경우 고등학교와는 다른 대학의 교육환경에 대한 이해가 제한적이며 개인의 학습 스타일이나 학문적 선호에 대해서도 잘 알지 못하는 경우가 많다. 그렇기 때문에 학생이 소속된 대학과 그 대학의 다양한 교육적 자원과 기회에 대해 잘 알고 있는 동시에 학생을 잘 이해하고 있는 누군가가 필요하며 그 누군가가 학사지도 전문가인 학사지도교수이다.

학사지도교수는 학생의 성장과 발전을 지속적으로 지켜보며 학생의 필요와 목적에 따라 적절한 조언과 지도를 제공하는 신뢰의 대상이자 학생의 발전을 위해 함께 방법을 찾아가고 노력을 기울이는 협업의 대상으로 인식되어야 한다. 이러한 공동의 목표를 가지고 상호적인 관계를 추구하는 학사지도는 발달적 학사지도(Developmental Advising)로서, 문제 또는 질문에 대해 답변과 해결책을 제공하는 처방적 학사지도와 대비되는 방법으로 인식되며 여러 학사지도 방법 중 장기적으로 학생 만족도가 높고 전문가들이 선호하는 학사지도 접근법이다 (Gordon, 1994).[15]

15 학사지도의 전달 방법으로는 처방적(Prescriptive) 학사지도, 관여적(Intrusive) 학사지도, 발달적(Developmental) 학사지도의 세가지가 주로 언급된다. 처방적 학사지도는 의사가 환자에게 처방을 내리듯 학사지도교수가 학생에게 필요한 정보나 지시를 전달하는 것이며, 관여적 학사지도는 고위험군 학생이나 신입생 등에게 학사지도교수가 주도권을 가지고 학사지도를 하는 방식이다. 발달적 학사지도는 학사지도교수와 학생이 학생 성장이라는 공동의 목표를 가지고 협업의 형태를 띠고 수행하는 것으로서, 학생의 선호와 만족도가 높은 것으로 알려져 있다.

학사지도교수와 학생과의 관계는 지속성이 보장되어야 한다

학사 일정이나 상황에 따라 의사가 처방을 내리듯 정보를 전달하거나 지시를 해야 할 경우도 있지만, 학사지도는 장기적인 교육목표를 가지고 학생이 성장하는 과정에 따라 시의적절하게 진행되어야 한다. 즉 학사지도의 교육효과를 담보하기 위해서는 학생 개인에게 초점을 맞추어, 학생이 자신의 목표를 설정하고 이를 향해 갈 수 있도록 단계에 따라 적절한 지도가 제공되어야 한다. 그렇기 때문에 대학은 학사지도 제공자와 수용자가 책임을 가지고 관계를 유지할 수 있도록 제도를 만들어 학생에게 학사지도교수를 배정해야 하며, 학생과 학사지도교수 관계의 지속성을 보장해주어야 한다. 이를 통해 학사지도 제공자는 학생 개개인의 성장 과정과 현재에 이르기까지의 이력을 인지하고 이를 기반으로 많은 정보속에서 학생에게 적절한 기회를 학생과 함께 찾아갈 수 있다.

학사지도교수와 학생과의 관계는 친근함과 신뢰가 기반이 되어야 한다

학사지도 제공자는 담당하고 있는 학생 개인에게 관심을 가지고 학생을 알아가려는 노력을 기울여야 하며 학생이 부담 없이 찾아가서 자신의 현재 상황과 미래의 지향점에 대해 논의할 수 있도록 적절한 환경과 분위기를 제공해주어야 한다. 일반적인 한국의 대학 분위기에서 학생이 교수를 찾아가 편하게 이야기한다는 것은 그리 쉬운 일이 아니다. 아직 많은 학생들에게 교수는 경외의 대상이기도 하며 개인적인 사안으로 교수에게 도움을 청한다는 것은 적절하지 않은 행동으로 생각하고, 늘 연구와 강의로 바쁜 교수님을 찾아가는 것에 부담을 느끼기도 한다. 실제로 많은 교수들이 연구와 강의로 바쁘기 때문에 한 학생을 위해 충분한 시간을 할애하고 이야기를 나눌 수 있는 환경이 아닌 경우가 많다. 그렇기 때문에 학사지도교수들은 학생들이 부담 없이 친근하게 다가갈 수 있는 편한 존재로 인식되는 것이 굉장히 중요하다. 더구나 학사지도를 통해 가장 많이 다뤄지는 주제가 전공과 진로에 대한 탐색 또는 대학생활 설계임을 감안할 때, 때로는 정리되지 않은 그리고 모호할 수 있는 것이라도 함께 이야기하면서 방향을 잡아갈 수 있는 존재로 인식되는 것이 중요하다.

학생과의 관계에서 신뢰를 얻기 위해 매우 중요하게 고려되어야 할 부분은 면담 내용과 개인정보에 대한 보호이다. 면담에서 학생은 경우에 따라 경제적 어려움이나 정신적인 문제, 성적인 문제, 과거의 범죄 기록 등 극히 개인적인 사안에 대해 이야기할 수 있다. 이러한 정보는 학칙이 정한 바에 따라서 제한적으로만 공유될 수 있다. 학생에 따라서는 수상기록이나 높은 학업성취와 같은 긍정적으로 볼 수 있는 내용조차도 알려지는 걸 원치 않을 수 있으므로 모든 개인정보는 민감하게 다뤄야한다. 면담 내용을 기록했을 경우 외부로 노출되지 않도록 관리해야 하며, 학칙에 따른 필요에 의해 공유를 해야 한다면 개인을 유추할 수 있는 일체의 정보를 배제해야 한다. 학생의 정보 공유에 대한 상황 판단이 여의치 않은 경우, 소속된 대학의 정보 관련 직무 종사자의 도움을 받는 것이 적절하다.

학사지도교수와 학생은 학생의 발전을 위해 협업하는 관계이다

일부 학생들의 경우 한번 학사지도교수에게 도움을 받은 후에는 스스로 문제 해결을 위해 주도적 노력을 기울이는 대신 학사지도를 마치 요술봉인 것처럼 활용하는 경우도 있다. 특히 저학년들의 경우 스스로 의사결정을 내리고 책임지기를 두려워하여, 익숙했던 방식을 따라 다른 누군가가 자신을 위해 최선의 결정을 내려주기를 바라기도 한다. 그러나 학사지도는 일방통행이 아니다. 학사지도는 소통을 통해 좋은 해법을 함께 찾는 교육과정이다. 학생은 결정의 주체가 자신임을 분명히 인식하고 학사지도가 최선의 결정을 찾아가기 위한 협업임을 인지해야 한다. 학사지도에 임하기 전에 학생은 자신의 가치관과 개인적 관심사, 그리고 어떤 진로에 관심을 두고 있으며 어떤 학문 분야에 끌리는지 등에 대해 어느 정도 알고 있어야 더욱 효과적인 학사지도를 받을 수 있다. 그리고 도움을 받고자 하는 부분에 대해 정확히 인지하고 관련된 자료나 정보를 준비한다면 학사지도의 효과를 한층 높일 수 있다. 학사지도를 제공하는 사람은 이러한 학생의 책임 부분을 학생들에게 가르쳐야 하는 동시에 스스로 인식하고 있어야 과도한 의무감과 불필요한 책임을 덜 수 있다.

앞서 언급된 학사지도교수와 학생과의 관계의 특성인 지속성과 신뢰 그리고 책임의 양방향성을 담보하기 위해서는 학사지도시스템 설계 단계에서부터 학생과 학사지도교수와의 관계가 학생과 지도교수의 관계로 설정되어야 한다. 이를 통해 학사지도교수는 학생에게 책임감을 가지고 지도하게 되며, 학생은 학사지도교수를 신뢰하고 지도에 따를 수 있게 된다. 학사지도교수와 학생과의 이상적인 관계 맺음을 통해 학생은 소속감을 느끼고 대학의 구성원으로 스스로를 인식하게 된다. 이는 소속된 학교에 대한 애착으로 발전하며 장기적으로 학생의 교육 경험에 대한 긍정적 평가로 이어질 수 있을 것이다.

학사지도 형태

학사지도에서 다룰 내용과 학생의 필요에 따라 다양한 형태로 학사지도를 할 수 있으며, 학사지도의 형태에 따라 얻을 수 있는 교육의 효과에도 차이가 있다. 교육 목표에 따라 적절한 학사지도 방식을 선택하여야 학사지도의 효율성을 높이고 학사지도의 효과도 담보할 수 있는 것이다. 학사지도의 형태는 학사지도의 주제와 기대하는 교육효과에 따라 크게 학사지도교수가 학생에게 일대일로 학사지도를 제공하는 개별 학사지도와 학사지도교수가 여러 학생들을 대상으로 학사지도를 수행하는 집단 학사지도로 구분할 수 있다. 개별 학사지도는 다시 학생이 학사지도교수와 사전 연락을 통해 면담을 진행하는 예약면담과 학생이 사전 예약 없이도 필요할 때 학사지도교수를 찾아오는 방문면담의 형태로 나눌 수 있으며, 집단 학사지도는 학생규모에 따라서 불특정 다수 학생들을 대상으로 하는 전체 학사지도와 학사지도 내용에 의해 특정 그룹의 학생들을 모아서 지도하는 소그룹 학사지도로 구별하여 볼 수 있다.

개별 학사지도

예약면담

개별 학사지도는 기본적으로 면담내용의 비밀이 보장되며 학생이 편한 마음으로 여러 주제에 접근 할 수 있고 방해 요인 없이 충분한 시간을 가질 수 있도록 학사지도를 위한 독립된 공간에서 학사지도가 이루어진다. 이는 주로 학사지도교수의 개인 사무실, 학사지도실 등의 정해진 공간에서 진행된다. 예약면담은 학생이 이러한 개별 학사지도를 받기 위해 면담예약시스템이나 이메일을 통해 사전 예약한 뒤, 정해진 일정에 학사지도를 받는 형태이다. 예약면담은 충분한 시간을 가지고 학생의 필요에 기반하여 학사지도를 수행하게 되므로 학사지도의 효과가 가장 크다고 볼 수 있어서 가장 많이 활용되는 학사지도의 형태이다. 또한 학생이 자발적으로 면담을 계획하고 신청하는 형태이므로, 학생이 학사지도에 대해 적극적인 수용의지를 가지고 있다. 그리고 학사지도교수는 예약할 때 학생의 면담목적, 학생의 기초정보, 과거의 면담 내역 등을 사전에 살펴볼 수 있으므로 면담을 효과적으로 준비할 수 있다는 점도 예약면담의 장점이다. 학사지도교수에게 전화나 이메일로 면담을 예약할 수도 있지만, 학교가 온라인 예약 시스템을 구축한다면 학생과 학사지도교수 모두 예약 확정이 수월할 뿐만 아니라 학교의 데이터베이스에 관련된 자료의 축적도 용이할 것이다.

면담예약시스템

담당 학사지도교수와 번거로운 일정 조율 과정 없이 학생이 학사지도면담을 온라인 상에서 예약을 할 수 있도록 면담예약시스템을 구축할 수 있다. 포탈서비스처럼 학교의 행정시스템 내에 면담예약시스템을 구축하면 학생의 접근이 수월할 뿐만 아니라, 면담 관련 자료의 체계적인 관리와 축적이 용이하다. 또한 시스템 내에서 다른 정보와 연동이 가능하여, 학사지도교수가 면담학생에 대한 정보를 취득하고 면담을 준비하는 과정이 보다 효과적으로 진행된다.

면담예약시스템의 메뉴는 기본적으로 희망하는 면담 일정, 면담 사유 등을 선택할 수 있도록 구성한다. 메뉴의 세부사항은 해당 대학의 학사지도형태와 학사지도의 주요 목적 등을 고려하여 결정할 수 있다. 예를 들어 중앙집중형 학사지도시스템을 운영하고 있는 경우 면담예약시스템에 면담을 하고자 하는 학사지도교수를 선택할 수 있는 기능을 추가할 수도 있다.

방문면담

방문면담은 면담을 원하는 학생이 사전예약 없이도 학사지도교수 사무실이나 학사지도센터를 직접 방문해서 면담을 하는 형태를 말한다. 독립된 공간에서 학사지도교수와 학생 간의 일대일 면담이 이루어진다는 점에서 예약면담과 유사하지만, 사전 약속을 통해 진행되는 면담은 아니기 때문에 예약면담의 장점을 활용하기는 어렵다. 그렇지만 즉각적으로 해결이 가능하거나 긴급한 문제 또는 단순한 정보 취득을 목적으로 하는 경우에는 유용하게 활용될 수 있다. 학사지도교수는 담당하는 학생들을 위해 방문면담 시간을 별도로 정하고 공지할 필요가 있으며, 학사지도센터로 운영하는 경우 학사지도교수별로 방문면담이 가능한 시간을 정할 수 있다.

최근에는 이메일 또는 SNS와 같은 다양한 온라인 채널을 통해 학사지도를 받는 경우가 많아졌다. 이러한 온라인 면담은 시간과 공간적인 제약 없이 학생들과 소통이 가능하다는 장점 때문에 활용 비율이 높아지고 있다. 그리고 긴급한 사안이나 직접 만나기 어려운 상황에서 면담이 필요한 경우 전화

면담도 활용될 수 있다. 온라인 면담도 즉각적인 대처가 필요한 경우 효과적으로 활용될 수 있으나, 대면면담에 비해 종합적인 학생의 상황 파악에 한계가 있으며 장기적인 주제를 다루기 어렵다. 그리고 면담에 대한 기록과 추적이 어려울 수 있기 때문에, 상황에 따라 추후 개별 면담을 통한 후속 보완 조치가 필요할 수 있다.

집단 학사지도

전체 학사지도

전체 학사지도는 학사지도의 대상이 되는 학생들을 모아 지도를 하는 것으로, 동일한 내용을 다수에게 전달할 때 유용하게 활용될 수 있다. 외국인 신입생들을 대상으로 한국과 대학문화 적응을 지원하는 학사지도를 한다거나 1학년을 위한 수강신청 지도를 하는 경우가 그 예이다. 이는 학사지도의 필요성을 학사지도교수가 인지하고 주도하는 형태로, 학생들의 자발성에 의한 학사지도는 아니다. 그러나 필수적인 내용을 적절한 시기에 제공할 수 있고 여러명에게 한번에 필요한 학사지도를 함으로써 시간의 효율적 활용이 가능하다. 전체 학사지도의 시행을 위해서는 대상 학생들이 최대한 많이 참석할 수 있는 시간대를 정하여 공지하고 참석을 독려해야 하는 등 부차적으로 챙겨야 할 부분들이 있다. 또한 전체 학사지도를 통해서는 대상과의 친밀감 형성이나 개별 학생의 특수한 상황에 맞는 학사지도를 구현하는 것이 어렵다.

학생들을 한 공간에 모아 전체 학사지도를 실시하기에 상황이 여의치 않은 경우 이메일을 그 대안으로 활용할 수 있다. 이메일은 학사지도 일정에 따라 뉴스레터 형식으로 학생들에게 필요한 정보나 생각해야 할 내용을 시의적절하게 전달할 수 있으며, 장소와 시간의 제약없이 활용이 가능한 장점이 있다. 이메일은 가독성을 고려하여 간단 명료하게 작성을 하되 보다 상세하고 구체적인 정보가 필요한 학생을 위해 구체적인 정보나 내용을 담은 사이트를 소개하거나, 추가적이고 심화된 내용을 다루는 개별 학사지도와 연결하는 것도 생각해볼 수 있다.

소그룹 학사지도

소그룹 학사지도는 공통된 교육적 필요가 있는 학생들을 모아서 학사지도를 실시한다는 점에서 전체 학사지도와 유사하다. 그러나 6~7명 내외의 소그룹으로 진행하기 때문에 학사지도교수와 참여하는 학생과의 상호작용이 가능하다. 교수 학생간 상호작용 뿐만 아니라 소그룹 학사지도에 참여한 학생들은 동료 학생들의 의견을 청취하는 과정에서 자신의 생각을 수정하거나 새로운 관점을 발견하는 등 참여한 학생간의 배움이 가능하고, 이러한 과정에서 학사지도의 효과를 높일 수 있다. 또한 학사지도교수의 주도 하에 진행되는 전체 학사지도와 달리 학생 또한 필요를 느껴 참여하는 것이므로 학생들의 적극성과 수용의지 또한 높다. 이는 자연스럽게 효과적인 학사지도로 이어질 수 있다.

소그룹 학사지도 진행 시 학사지도교수는 학생들간의 의사소통이 활발하게 이루어질 수 있는 편안한 분위기를 조성하고, 지정된 학사지도 주제가 효과적으로 다뤄질 수 있도록 전반적인 흐름을 이끌어야 한다. 또한 특정 학생이 분위기를 주도하지 않도록 조절하고, 참여한 학생들이 골고루 의견을 표시할 수 있도록 지원하는 것에도 주의를 기울여야 한다. 소그룹 학사지도를 통해 개별적인 학사지도 요구나 필요가 발견되기도 하는데, 이에 대해서는 해당 학생과 연락을 취해서 추가 학사지도를 실시하는 것도 가능하다.

학사지도의 본래의 대상은 아니지만 헬리콥터 부모(Helicopter Parent)라는 표현이 생길 정도로 해가 갈수록 학사지도에 적극적으로 개입하려는 학부모들이 증가하고 있다. 이런 학부모들은 자녀의 학사와 관련하여 대학생인 자녀 대신 자신이 학교에 문의하여 해결하거나 심지어 자녀의 수강신청을 대신 해주는 경우도 있다. 해가 갈수록 학부모들의 대학교육에 대한 관심은 높아지는 상황에서 이들의 관심을 해소하고 대학생이 된 자녀와 적절한 관계를 형성하는데 도움이 되는 학부모 대상 프로그램을 학교 차원에서 시도해 볼 수 있다. 예를 들어 대학에 자녀를 갓 입학시킨 1학년 학부모들을 대상으로 학년 초반에 기숙사 오픈 하우스 또는 학부모의 날과 같은 캠퍼스 오픈 행사를 진행하여 대학의 교육철학과 자녀 교육에 유용한 여러 정보를 소개한다면 학교와 학부모의 신뢰 관계 구축에 도움이 될 것이다. 특히 학생들의 대학생활을 가장 가까운 곳에서 살펴보고 학생들의 특성을 잘 파악하고 있는 학사지도교수가 이러한 프로그램에 주도적인 역할을 수행하도록 한다면 학부모의 대학 교육에 대한 관심이 긍정적으로 형성되는 것에 기여할 수 있을 것이다.

<표4> 학사지도 형태별 면담종류와 특징

형태	종류	특징
개별 학사지도	예약면담	• 학생의 필요에 의한 면담으로 학생의 수용의지가 높음 • 면담의 교육적 효과가 높음 • 면담을 위한 충분한 시간 보장 가능 • 학생에 대한 정보 파악 및 과거 면담 기록 확인 등 면담을 위한 준비 가능 • 면담을 위한 독립된 공간과 면담 활성화를 위한 온라인 예약 시스템 구축 필요
	방문면담	• 즉각적인 처치가 필요한 사안 또는 단순한 정보 전달에 적합 • 방문면담이 가능한 시간에 대한 사전 안내 필요
집단 학사지도	전체 학사지도	• 필요한 시기에 대상 학생들에게 동일한 내용의 학사지도를 실시함으로써 학사지도의 효율성이 높음 • 학생과 교수간의 라포 형성 수준이 낮음 • 개별학생 중심의 학사지도가 불가능 • 다수의 학생들이 참여할 수 있는 적절한 시간과 장소 선정 필요 • 학생들의 참여 독려를 위해 적극적인 홍보 필요
	소그룹 학사지도	• 공통적인 학사지도 요구가 있는 소규모의 학생들을 대상으로 함 • 참여 학생들간의 상호작용을 교육적으로 활용 가능 • 학사지도교수가 적절히 개입하여 지도의 흐름을 조정 • 개별학생 중심의 학사지도는 어려움

학사지도시스템 조직과 운영의 유형

현재 각 대학이 제공하고 있는 학사지도의 한계를 인식하고 전문적인 학사지도시스템을 구축하고자 한다면 가장 먼저 고려해야 할 점은 대학이라는 복잡하고 다층적인 행정 구조 내에 학사지도를 어디에 위치시킬 것이며, 학생이 어디에서 누구를 통해 학사지도를 받게 할 것인가 라는 문제일 것이다. 소속된 학생들이 졸업 후 취업을 목표로 하는 2년제 또는 4년제 대학이 있는 반면, 연구중심을 표방하는 4년제 대학도 있다. 4년제 대학이라도 특정 학문 분야로 특화되어 있는 대학이 있는가 하면 인문학에서 공학에 이르기까지 폭넓은 전공 프로그램을 제공하는 대학도 있다. 따라서 개별 대학이 가지는 고유한 목적과 성격에 따라 대학 내에서 학사지도의 구심점을 어디에 둘지, 학사지도가 어떻게 학생에게 전달되도록 할 지, 누가 학사지도를 담당할 지 등에 대한 고민이 필요하다. 대부분의 한국 대학들은 전공 교수들이 학사지도를 병행하고 있으나, 학사지도를 대학교육의 일부로 인정하고 다양한 형태로 전문화된 학사지도시스템을 구축한 미국 대학의 경우 개별 교육기관의 목적과 학생들의 특성 및 기타 다양한 요소들을 고려하여 여러 가지 학사지도 모델을 구축해왔다.

학사지도 조직의 유형

학사지도 조직의 유형은 학사지도시스템의 운영과 관리기능의 집중 정도에 따라 중앙집중형(Centralized Structure), 분산형(Decentralized Structure), 그리고 분담형(Shared Structure)으로 구분될 수 있으며(Pardee, 2004), 구체적으로 학사지도가 어떻게 구현되는지에 따라 다양한 학사지도 모델을 개별 조직 유형 안에 포함시킬 수 있다(Habley, 1983). 다음에 소개되는 학사지도 조직의 유형별 특성과 강점, 한계 그리고 포함되는 모델에 대한 이해는 개별 대학에 적합한 학사지도 형태와 모델을 선택하는데에 도움을 줄 수 있을 것이다.

중앙집중형

중앙집중형은 학사지도의 구심점을 한군데에 두고 그곳을 통해 해당 대학에 소속된 모든 학생들에게 학사지도가 제공되는 형태이다. 학사지도교수가 주도적인 역할을 맡되 일부 교수들도 비상근으로 근무하며 학사지도를 할 수도 있다. 중앙집중형의 대표적인 학사지도모델은 자족형모델(Self-contained Model)로, 모든 학생들이 학사지도센터에 소속된 학사지도교수 또는 비상근으로 근무하는 전공교수로부터 학사지도를 받는 모델이다. 학사지도가 필요한 경우 모든 학생들이 동일한 곳으로 찾아가면 되기 때문에 접근이 간편하다. 학사지도센터는 무엇보다 학사지도를 최우선으로 삼는 곳이기 때문에 외국인, 편입생, 고위험군 학생, 그 외에 특별한 필요가 있는 학생 등 학생들의 상황별로 세분화되고 전문적인 지도가 가능하다. 또한 전문성을 갖춘 학사지도교수가 상주하고 있어서 일정 수준 이상의 학사지도가 보장될 수 있으며, 개별 학사지도와 학사지도 프로그램에 대한 체계적인 모니터링도 가능하다. 그러나 학사지도센터 운영을 위해 물리적 공간이 필요하고, 운영 및 유지 비용이 상대적으로 많이 발생하며, 모든 전공별로 전임교수를 배정하기 어려우므로 전공분야과 관련된 심화된 지도에 한계가 있을 수 있다.

분산형

분산형은 학생이 소속된 단과대학 등의 학사단위 내에서 학사지도를 받을 수 있도록 하는 형태로, 중앙의 학사지도센터가 존재하지 않는다. 대표적인 모델이 전공교수가 학사지도를 전담하는 교수전담형모델(Faculty Only Model)이다. 이 모델은 학생 개개인에게 전공 분야와 관련하여 심도 있는 학문적 지도가 가능하며, 대학 차원에서 별도의 비용이 거의 발생하지 않는 것 또한 장점이다. 그렇지만 일반 교수들은 특별한 요구가 있는 학생들을 지도할 전문성이 부족하며, 개별 교수에 따라 시행하는 학사지도의 질과 효과의 편차가 매우 크고 이에 대한 관리가 어렵다. 2011년 미국 대학들을 대상으로 실시한 NACADA의 설문에서 교수전담형모델을 운영하고 있다고 응답한 대학들은 17%로, 2003년 확인된 25%에서 지속적으로 감소하고 있다(Barron & Powell, 2014).

분산형의 또 다른 모델은 위성형모델(Satellite Model)로서, 학생이 소속된 단과대학 또는 학사 단위 내에 독립적으로 기능하는 학사지도센터를 운영하는 모델이다. 학생이 소속된 학사단위에 따라 여러 학사지도센터가 운영되기 때문에 대학 전체 차원에서의 의견 조율이 필요할 경우 어려움이 있고, 중복 투자로 인한 비용 발생이 크므로 위성형모델을 운영하는 대학은 현재 거의 없는 것으로 확인되었다(Barron & Powell, 2014).

분담형

분담형은 한 학생에 대한 학사지도를 담당 학사지도교수와 전공교수가 나눠서 담당하는 형태이다. 학사지도교수는 소속 대학의 규정과 각종 프로그램 및 자원에 대해 잘 알고 있고, 전공교수는 전공에 대한 전문성을 가지고 있기 때문에 각자의 전문 영역이 학생의 성장을 위해 활용될 수 있는 형태라고 할 수 있다. 이는 양쪽의 긴밀한 협업이 보장된다면 효과적이고 양질의 학사지도가 가능하기도 하다. 그렇지만 사안에 따라 책임 소재가 불분명할 수 있으며, 학사지도교수와 전공교수 간의 신뢰와 원활한 의사소통을 담보하기가 쉽지 않다. 아울러 학내 구성원들의 학사지도 필요성과 중요도에 대한 공감 형성이 필수적이고, 중앙의 학사지도센터가 학사지도의 구심점 역할을 제대로 할 수 있도록 대학내의 직제가 뒷받침되어야 한다.

분담형의 주요 세가지 모델은 보충형모델(Supplementary Model), 분리형모델(Split Model), 위임형모델(Total Intake Model)이다. 첫째, 보충형모델은 학생이 소속된 학사단위의 전공교수가 학사지도의 주요 채널 역할을 하되 중앙에 위치한 학사지도센터에 학사지도교수가 상주하며 학사지도에 필요한 자원과 교육을 전공교수에게 제공하는 형태이다. 학사지도센터는 졸업요건 검토, 편입 학점 심사 등 일부 행정을 담당하기도 한다. 둘째, 분리형모델은 학생이 소속된 전공교수와 학사지도센터의 학사지도교수가 같이 학사지도를 제공하되 학사지도교수는 전공 미결정 학생, 1학년 학생, 고위험군 학생 또는 외국인 학생 등 특별하고 차별적인 학사지도의 필요성을 가진 그룹의 학생들을 주도적으로 맡아 지도하는 형태이다. 학생들이 특정 요건을 충족시키게 되면 학생이 소속된 학사단위의 전공교수에게 학사지도를 받게 된다. 셋째, 위임형모델은 분리형모델과 유사하나, 전체 학생들을 중앙의 학사지도센터에서 일정 기간 동안 학사지도를 받도록 한 이후 학생이 소속된 학사단위의 전공교수에게 학사지도를 받게 하는 모델이다.

<표5> 학사지도 조직의 유형

형태	학사지도 주체	장점	단점	모델
중앙 집중형	학사지도 교수	• 학생들의 접근이 용이함 • 양질의 학사지도 가능 • 학사지도에 대한 모니터링 가능 • 다양한 학생 그룹에 대한 체계적 지도	• 전공분야 지도 취약 • 물리적 공간 확보와 운영 및 유지를 위한 비용 발생	자족형모델
분산형	전공교수	• 전공분야에 대한 심도있는 지도 • 비용 발생이 거의 없음	• 양질의 학사지도 보장이 어려움 • 다양한 학생 그룹에 대한 차별화된 지도가 어려움 • 비학업적 부분에 대한 지도에 한계	교수전담형모델
	전공교수, 학사지도 교수	• 단과대학 상황에 따른 적절한 운영 가능	• 단과대학별로 학사지도센터 운영에 따른 비용발생 • 본부 차원의 조율이 여의치 않음	위성형모델
분담형	전공교수, 학사지도 교수	• 각각의 전문 역량 투입 가능 • 중앙화된 학사지도 구심점 확보됨	• 불분명한 책임 소재 • 학사지도교수와 전공교수와의 의사소통이 어려울 수도 • 학사지도센터가 구심점 역할을 할 수 있도록 제도적 뒷받침 마련 필요	보충형모델 분리형모델 위임형모델 이중형모델

분담형의 하나로 이중형모델(Dual Model)도 있다. 이중형모델은 전공과 관련한 학사지도는 전공교수에게 받도록 하고 학교의 전반적인 규정, 프로그램 및 자원에 대한 학사지도는 학사지도교수에게 받게 하는 모델로 2011년 NACADA 설문에 따르면 이중형모델을 운영하는 학교는 거의 없는 것으로 파악되었다(Barron & Powell, 2014).

적합한 학사지도시스템 구축을 위해 고려해야 할 요인

위에서 설명한 것과 같이 학사지도 조직과 유형들에는 각각의 특성과 강점이 있다. 개별 대학에서 학사지도시스템을 구축하려고 할 때에는 대학별로 보유한 자원, 학생 규모, 대학의 교육철학, 학사지도의 중요성에 대한 구성원들의 공감대, 학사지도 시행 범위, 대학의 구조 등 여러 요소들을 고려하여 학사지도의 적절한 유형을 선택하고 적용하여야 할 것이다.

제3장

학사지도의 교육내용과 효과는 무엇인가?

학년별 학사지도

대학에서의 공부

진로준비와 성장

어려움을 겪는 학생들을 위한 학사지도

학사지도 교과과정은 대학의 미션, 문화 그리고 학생에 대한 기대를 포함한다. 이는 교육의 의미와 가치의 발견, 사고하고 학습하며 의사결정하는 과정, 그리고 교과목과 프로그램의 선택에서 진로와 삶에 대한 목표의 정립까지 아우른다.

-The Curriculum of Academic Advising, Concept of Academic Advising, NACADA 에서 발췌-

학년별 학사지도

대학에 입학한 학생들의 특성과 발달과정, 학사지도에 대한 요그는 개인별로 차이가 있으며, 이에 대응하여 개인에게 맞는 교육을 하는 것이 학사지도의 주요 목표이다. 그러나 대학생들이 중등교육에서 고등교육 과정, 청소년에서 성인으로의 전환기를 거치면서 대학에서의 학년에 따른 특성을 공유하고 발달 단계별로 수행해야 할 과업이 존재하는 것도 사실이다. 대학생들이 입학시기부터 졸업을 할 때까지 학년별로 공유하는 특성과 보편적으로 경험하는 필요와 어려움, 그리고 발달과업을 이해한다면 학생들에게 시기별로 적절한 학사지도 방법을 적용할 수 있을 것이다.

우선 대학 신입생때에는 전체적인 대학생활을 개괄할 수 있는 시각과 정보에 대한 요구가 많으며 그렇기 때문에 집단적인 교육이 가능하다. 그러나 학년이 올라갈수록 개인적인 상황과 필요에 따라 적용할 수 있는 구체적인 방안 및 실행에 대한 개별 학사지도와 피드백의 중요성이 더욱 커지게 된다. 이러한 학년에 따른 학사지도 요구의 변화를 표현한 것이 아래 그림으로서, 저학년에서는 다양한 정보(Information)에 대한 요구가 크다가 학년이 올라갈수록 개인의 상황에 따른 상의(Consultation)의 필요성에 대한 요구가 증가하게 됨을 보여준다.

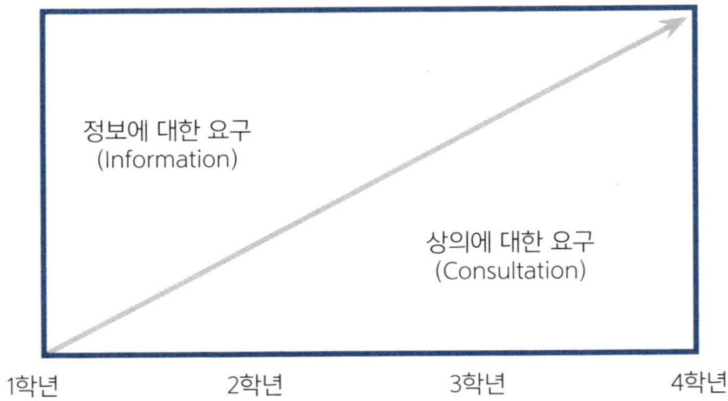

[그림5] 학년에 따른 학사지도 요구 변화 (Creamer, 2000)

이 장에서는 이러한 학년별 요구와 학생이 거쳐야 할 발달단계를 고려하여, 학생의 학년별 과업과 이를 실행하는데 있어서 필요한 주요 학사지도 내용을 살펴보도록 하겠다.

1학년: 대학생활 적응을 위한 학사지도

대학 1학년은 학생들의 인생에 주요 이정표가 되는 시기로서, 학생들은 대학이라는 새로운 교육환경에 적응해야 하는 동시에 독립된 인격체로 서기 위해 노력하게 된다. 이들은 이전에 경험하지 못한 무게의 의사결정을 스스로 내리고 책임을 지도록 요구받기 시작하며, 많은 경우 이러한 전환은 학생들에게 상당한 도전이 될 수 있다. 따라서 1학년 학생의 상황과 특성에 맞는 학사지도를 시행하고 체계적인 교육 프로그램을 운영하는 것은 신입생들의 대학생활 조기 적응에 매우 중요한 요소가 된다. 그리고 1학년은 학생의 학업지속과 중단 및 성공과 관련하여 매우 중요한 '결정적 시기(critical period)'이기도 하다. 1학년의 학문적·사회적 통합성을 향상시키려는 대학의 노력은 학생들이 학업을 중단하게 되는 비율을 낮추는 효과도 가져 올 수 있을 것이다(신의항, 2011; 김수연, 2012).

대다수의 신입생이 위와 같은 전환과 적응의 과정을 거치기 때문에 전체 학사지도가 효과적으로 적용될 수 있다. 1학년 대상의 학사지도는 대학생활 목표설정, 자신에 대한 탐색, 대학공부에 대한 이해를 주요 주제로서 다루게 된다.

목표의 설정

많은 학생들이 대학 입학 그 이후에 대한 별다른 고민 없이 대학에 왔기 때문에 입학 이후 목표가 사라졌다는 공허감을 느끼고 실제 방황으로 이어지기도 하며 때로는 자신의 불성실함을 정당화하는 이유로 삼기도 한다. 대학 첫 학기에 학사경고를 받는 많은 학생들이 학사지도면담에서 목표의 부재로 공부를 해야하는 이유를 찾지 못했다고 응답하는 것도 같은 맥락이다. 고등학교시절까지 수동적 학습태도로 학업을 이어간 학생들이 교육환경이 달라졌다고 해서 단기간에 적극적인 학습자로 바뀌지는 않는다. 학사지도차원에서는 대학이 원하는 적극적 학습태도를 갖추는 것에도 노력과 연습이 필요하며 많은 학생들이 그 과정에서 어려움을 겪는다는 것을 인지시켜 학생이 느낄지 모르는 심리적 부담과 열등감을 덜 수 있도록 지도해야 한다. 아울러 고등학교와 달리 대학에서는 학생 스스로 교육의 주체가 되어야 함을 알려주고 대학교 1학년 시절이 자신을 알아가고 이해하는 인생 최초의 시점이 될 수 있음을 깨달을 수 있도록 도와야 한다. 이 과정에서 학사지도교수는 학생이 스스로 대학생활의 의미를 찾고 목표를 설정할 수 있도록 격려하고 이를 단계적으로 실행할 수 있는 방안을 찾도록 지원해 줄 필요가 있다. 아울러 이 과정에 도움을 줄 수 있는 학생상담센터나 진로개발센터 등 유관 기관이나 자원을 연결시켜주어서 탐색 과정이 효율적으로 진행될 수 있도록 지도할 수 있다.

자신에 대한 탐색

현장에서 만나는 1학년들 중 상당수는 자신이 무엇을 잘하고 좋아하는지 잘 모르겠다고 이야기하며, 자신의 가능성과 역량을 파악하기 위해 어디서 시작하고 무엇을 해야 하는지에 대해 묻는 경우가 많다. 이들은 스스로에 대한 이해가 진지하게 숙고함으로써 구할 수 있는 것으로 생각하기도 하고, 시간이 지나면 저절로 알게 되겠지 라는 막연한 생각을 가지고 있기도 하다. 학사지도는 이러한 1학년들에게 자신에 대한 이해의 주요 요소에 대해 지도하고, 참여를 통한 경험과 정보 취득의 중요성에 대해 교육한다. 대학에서의 교과 및 비교과 프로그램, 다양한 인간관계를 형성하는 활동에 대한 주체적인 참여는 학생들이 자신의 흥미, 적성, 가치를 탐색하게 하며, 학생들을 여러 가능성들과 만나게 할 수 있다. 흥미로 시작한 동아리에서 진로를 찾게 되는 경우도 있으며 봉사활동을 통해 열정을 쏟을 분야를 발견하는 사례도 있다. 다양한 만남과 협업을 통해 자신과 비슷한 관심사를 가지고 있는 학생들이 어떤 진로를 고려하는지 그리고 어떤 성향의 사람들이 자신과 잘 맞는지에 대해서도 알게 되며, 이를 통해 다양한 직무와 자신을 연결시킬 수 있는 방법도 체득할 수 있다. 이러한 참여와 경험의 필요성을 교육하고 이에 대한 해석을 함께 하는 것이 1학년 학사지도의 주요 주제 중 하나이다.

대학 공부에 대한 이해

고등학교를 졸업했으니 당연히 대학에 가는 것으로 받아들여 대학에 왔지만, 막상 대학에 와서는 왜 공부를 하는지 이유를 모르겠다는 학생들이 많다. 그리고 대학에서의 공부는 고등학교까지의 공부와 달리 적극적인 학습자의 태도를 요구하기 때문에 더욱 부담스럽고, 자신 이외의 학생들은 모두 우수하다고 생각하며 위축되기도 한다. 특히 대학 1학년은 전공과 관계 없는 교양교육의 필요성을 이해하지 못하기도 하고 전공이 생각한 것과 다르다면서 회의를 느끼는 경우도 다수 존재한다. 이런 고민을 안고 있는 학생들에게 대학에서의 교양교육의 의미가 무엇인지, 대학 공부를 통해 어떤 역량을 기를 수 있는지, 공부를 통해 느낄 수 있는 즐거움이 무엇인지, 학부에서의 전공교육이 어떤 의미인지 알려주고 배움에 대해 개인의 고유한 관점을 수립할 수 있도록 학사지도를 할 필요가 있다.

2학년: 탐색과 경험의 확장을 위한 학사지도

2학년이 되면 학교의 특별한 관심에서 멀어져 소외감을 느끼기도 하며 자신의 전공과 진로에 대해 본격적인 고민이 시작되므로, 정보의 구체성이 요구된다. 또한 개인이 지향하는 가치나 성장단계에 따라 요구의 내용이 달라지기 때문에 개별화된 학사지도의 중요성이 높아진다.

대학교 2학년들이 보편적으로 경험하게 되는 어려움을 칭하는 표현으로 "Sophomore Syndrome"이 있다. 한국어로 "대2병"정도로 표현될 수 있는 이 개념은 잘 할 수 있을 것 같다고 생각하는 순간 모든 게 낯설어지고 기대에 부응하지 못할 것 같은 두려움에 사로잡히는 심리적 상황을 칭하는 말이다. 학생들은 1학년을 마치며 대학 캠퍼스도 이제는 더 이상 낯설지 않고, 대학공부가 무엇인지 그리고 어떻게 하면 되는지 어느 정도 파악을 했다고 생각한다. 그렇지만 2학년이 되면서 심도를 더하는 전공 교과과정에 어려움을 겪기도 하고, 신입생들을 맞이하면서 1학년이라는 특별한 위치를 잃었다는 상실감을 느끼게 되기도 한다. 한편으로는 후배들을 맞이하며 조언과 도움을 베풀지만 스스로는 아직 역량이 갖춰지지 않은 것 같아 적잖은 부담을 느끼기도 한다. 이러한 복합적인 감정을 경험하는 시기가 2학년이다.

신입생이 가지는 특수성으로 인해 많은 대학은 신입생들을 보살핌과 도움을 대상으로 인식하고 1학년만을 위한 특별한 프로그램이나 행사를 운영한다. 그렇지만 2학년이 되는 순간 대학의 관심은 사라지고 이제 모든 걸 혼자 알아서 해야 하는 상황이 된다. 또한 더 이상 1학년이 아니라는 생각에 미래에 대한 막연한 두려움을 경험하며 새로운 차원의 도전을 경험한다.

이러한 전환 과정에 대해 이해하고 학생들이 인지할 수 있도록 도움을 줄 수 있는 학사지도 프로그램으로서 2학년 진급생을 위한 전체학사지도 세션을 기획할 수 있다. 이를 통해 본격적인 시작될 전공 공부에 대한 정서적 준비를 지원하고, 교환학생 프로그램, 복수전공이나 부전공을 포함한 다양한 학위과정 등 2학년부터 본격적으로 활용할 수 있는 다양한 기회에 대한 구체적인 정보를 제공하여 이후의 대학생활을 설계할 수 있도록 지원할 수 있다.

3학년: 선택과 의사결정을 위한 학사지도

3학년이 되면 학생들은 대학이라는 환경에 친숙해졌을 뿐만 아니라 캠퍼스 내에서의 교우관계에 있어서도 만족스러운 시기로 여길 수 있다. 전공 공부도 익숙해지면서 대학시절에서 아마도 가장 안정적인 시기일 것이다. 그렇지만 걱정이 전혀 없는 시기는 아니다. 3학년은 졸업 이후의 삶에 대해 본격적으로 고려하게 되는 시기이다. 다가온 졸업 이후의 삶에 대해 구체적으로 고민하게 되고 대학생활의 후반부를 어떻게 활용해야 할지 진지하게 생각하게 된다. 정보에 대한 요구보다는 개인의 상황에 초점을 둔 학사지도 필요성이 더욱 높아진다. 논문 등을 통해 학문적 역량을 쌓아가야 할지 인턴을 통해 취업을 위한 실질적인 경험을 쌓을지, 대학원을 준비해야 할지 취업에 도움이 되는 자격증을 취득해야 할 지 등, 자신에 대한 성찰과 다양한 기회에 대한 탐색 끝에 설정한 졸업 후 진로 목표에 따라 구체적이고 실질적인 역량과 기술을 터득해야 할 시기이다. 이 시기에 많은 학생들은 자신의 계획에 대해 실현 가능성과 타당성을 확인하고 싶어하며 철저히 개인에게 맞춰진 학사지도를 요구하게 된다. 그렇기 때문에 학생의 가능성과 역량에 대해 잘 알고 신뢰할 수 있는 학사지도교수의 지도가 더욱 필요하고 효과적이다. 이 시기에 제공되는 전문가의 도움은 학생이 졸업 이후 까지의 장단기 목표를 수립하고 학생의 역량을 최대한으로 끌어올리는데 기여할 수 있다. 아울러 학생이 예정하는 시점에 졸업할 수 있도록 졸업 요건 등을 살펴주고 소속 대학의 각종 규정 그리고 교내 교외의 다양한 자원과 시설에 대해 구체적으로 안내하여 학생이 선택한 진로에 다가갈 수 있도록 지원할 수 있다.

4학년: 대학생활 마무리와 사회진출을 위한 학사지도

4학년은 다시 새로운 전환기를 앞둔 중요한 결정을 준비하며 졸업 이후의 삶에 대해 구체적인 준비와 자격을 갖추는 시기이다. 그리고 4학년은 또 다른 불확실의 시기이다. 졸업 후의 삶을 맞이하는 시기인 동시에 확실히 약속되는 것이 제대로 없는 상황에서 심리적인 부담과 스트레스를 경험하는 시기이다. 자신이 내린 일련의 선택에 대해 후회하거나 아쉬움을 표현하기도 하고 원하는 직장의 진입에 실패하거나 대학원에 합격하지 못하면서 좌절을 경험하기도 하는 시기이다. 이 시기에는 거절과 실패에도 불구하고 빨리 회복하여 새로운 도전에 임할 수 있는 정서적 회복력이 중요하며, 대학 시절 중 다양한 시도와 도전의 경험을 통해 실패와 좌절을 미리 경험해보는 것이 예방주사가 될 수 있다.

졸업 학년의 학생들은 객관적으로 자신의 역량과 가능성에 대해 평가해주고, 구직활동이나 대학원 진학 준비와 관련하여 구체적인 조언과 안내를 제공해줄 수 있는 사람을 필요로 한다. 학생의 장점과 단점에 대해 정확히 인지하고 있는 누군가가 학생의 장점을 잘 활용하는 선택이 무엇인지, 학생의 단점을 어떻게 극복하고 기회로 삼을 수 있을지 학생과 함께 방법과 전략을 고민해 준다면 큰 도움이 될 것이다. 구체적으로 학생의 이력서를 평가해 주는 것부터 인터뷰를 어떻게 효과적으로 준비할 지 등에 대해 학교의 취업정보실이나 경력개발센터와의 연계를 통해 학생이 선택한 바를 이룰 수 있도록 다양한 형태로 지원해줄 수 있다.

이상에서 다룬 대학생의 학년별 발달 과업과 학사지도의 세부 내용을 정리하면 다음의 표와 같다. 이처럼 학년과 발달과정별로 필요한 내용을 학생과 함께 점검하되, 학생의 개별적인 발달 상황의 차이와 특별한 필요를 동시에 확인하고 이에 맞는 교육을 해야 한다는 점 또한 잊지 말아야 할 것이다.

<표6> 학년별 발달과업과 학사지도 내용[16]

학년	과업	학사지도 내용
1학년	대학생활적응	• 다양한 대학의 자원 이해 • 소속된 대학의 교육철학 이해 및 소속 단위의 교수와 인간관계 형성 • 새로운 형태의 학습환경 이해와 실행 • 졸업 요건을 포함한 다양한 학사정보와 행정제도 이해 • 자신만의 시간관리 방식 및 학습 방법 개발 • 개인의 학문적 관심사와 전공/진로 연결 가능성 탐색
2학년	탐색과 경험의 확장	• 학업에 대한 기대와 방향 설정 • 전공에 대한 이해 증진 • 전공과 진로 연결 • 학사정보 업데이트 및 학습계획 점검 • 장학금 등 교내자원과 기회 활용 • 다양한 교과/비교과 활동을 통한 기본 역량 신장
3학년	선택과 의사결정	• 전공교수와 전공과 진로 관련 구체 논의 • 진로계획을 명확히 하고 점검 • 전공관련 심화 학습 • 대학원과 관련하여 필요사항과 조건 등 확인 • 취업 희망 직무의 필요역량 신장을 위한 교내외활동 선택과 실행 • 자신의 학업 성취 및 현황 파악 및 향후 계획 업데이트
4학년	사회진출	• 졸업요건에 따른 이행 사항 최종 파악 • 이력서, 자기소개서 작성과 면접 준비 • 대학원 진학의 경우 대학원에서의 구체적 학업계획 준비 • 졸업 신청 및 졸업 준비

16 Virginia N. Gordon 외 1인이 편집한 『Academic Advising: A comprehensive Handbook』에서 Kramer가 제시한 Student Services Taxanomy by Unique Academic Status를 참조하여 재구성하였다

대학에서의 공부

1학년세미나 수업을 통해 이게 지금 우리나라의 교육자들이 하려는 교육이구나, 이 학교가 만들고자 하는 사람은 이런 사람이구나, 내가 이 교육기관에서 실제로 변화하고 성숙할 수 있겠구나 하는 생각을 하게 되었습니다. 교수님들이 입학한 학생들을 어떻게 교육하고, 어떠한 프로그램을 개설하고, 어떻게 운영을 해야 학생들을 보다 훌륭한 사람으로 키울 수 있을지 고민하시는 모습을 보았습니다. 본인의 분야에 대한 열정으로 연구와 공부를 하시는 분들을 이곳에서 만나고, 제가 대학에서 이런 교육을 받고 있다는 것에 대해 깊이 감사하게 되었습니다.

1학년 학생의 메일중에서

학사지도의 가장 중요한 목표 중 하나는 학생들이 무엇보다 대학에서의 공부를 제대로 수행하도록 교육하는 것이다. 이를 대학의 입장에서 본다면 학사지도를 통해 대학교육의 효과를 높이는 것이라고 할 수 있다. 학사지도 교수는 대학의 교수자 일반과 학습자인 학생들 사이에서 교육효과 증진을 위한 중재자이자 촉진자의 역할을 수행한다. 학사지도교수는 학생들에게 대학교육의 목표와 의미, 교과과정에 대한 이해를 교육하여 이들이 적극적이며 자기주도적 학습자로서 대학 공부에 참여하도록 촉진하고, 학생과의 상호작용 과정에서 이들의 특성에 관한 정보와 경험을 축적한다. 그리고 교수자들과의 협의를 통해 교육과정과 교수법 및 교육정책에 반영할 수 있는 학생 특성과 요구에 관한 분석자료와 경험을 제공하고, 교과구성과 교육목

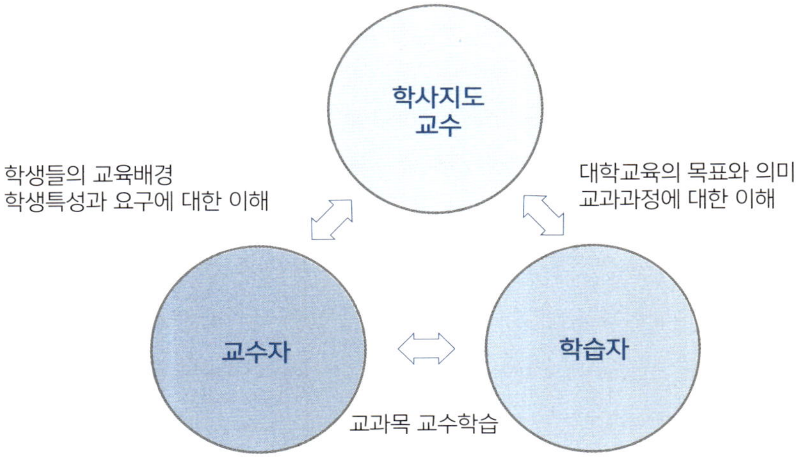

[그림 3] 대학교육 효과 증진을 위한 학사지도의 역할

표에 관한 자료를 취득하여 이를 종합하여 학생들에게 효과적으로 전달함으로써 전체적인 대학교육의 효과를 높이는 데에 기여하고 있다.

이 장에서는 대학에서의 교육에 관한 학사지도의 역할 중에서 특히 학생들이 적극적이며 자기주도적 학습자로서 대학 공부에 참여하도록 교육하는 내용에 대해 서술하였다. 이는 대학 교육 과정의 이해, 대학공부의 의미에 대한 이해, 대학공부와 관련한 제도의 이해와 적용, 대학 학업계획의 수립, 그리고 학생들에 대한 학습지원의 영역으로 나누어 살펴볼 수 있다.

대학 교육 과정의 이해

한 대학이 가진 교과 체계는 그 대학의 교육목표와 연결되어 있다. 그렇지만 학생들 입장에서 대학의 교육목표는 대학 홈페이지에 적혀있는 좋은 내용이기는 하지만 스쳐 지나는 문구 정도에 그치는 경우가 많다. 아마도 신입생 오리엔테이션이나 대학 안내책자 등에서 이를 언급하고 있겠지만, 대학의 교육목표가 실제 학생들이 수강할 교과목 체계와도 연결되어 있다는 것을 제대로 전달할 수 있다면 학생들이 자신의 대학공부를 이해하고 장기적인 계획을 수립하거나 교과목 선택의 기준에서 고려할만할 요소가 될 것이다. 그렇지 않은 경우, 학생들은 당장 이번 학기 이수해야 하는 졸업요건과 성적 취득의 용이함을 우선적으로 고려하게 된다.

실제로 학생들 사이에서 인기리에 공유되는 인터넷 강의정보 관련 싸이트들에서는 교수자가 '뿔몰(letter grade의 플러스를 최대한 부여)'을 해주는지, 과제를 많이 내주는지, 출석체크를 엄격히 하는지 등이 중요한 항목으로 다뤄지고 있으며, 선배들로부터 전수되는 공부에 대한 주요 조언은 대체로 어떤 강의가 이른바 '꿀강(과제 등의 학업부담이 적으며 성적을 비교적 후하게 주는 강의)'인가 하는 것이다. 교과목을 선택하고 공부를 하는 목적이 눈앞의 '좋은 성적 취득 가능성'으로 축소되고, 공부에 관한 방법이라는 것이 효과적으로 성적을 잘 받기 위한 기술을 익히는 것과 동의어가 되지 않게 하려면 학생들에게 대학교육의 목표와 체계에 대한 보다 큰 시각을 가지도록 하는 학사지도가 필요하다. 이를 위해서는 다음의 내용을 학생들과 공유하여야 한다.

- 대학이 가진 상위의 교육목표와 기르고자 하는 인재상
- 단과대학 체제 및 단과대학별로 개별적인 교육과정을 가지는 목적
- 교양교육 체계 및 학생의 전공과 연관된 교양교육과정
- 전공 교육과정에 대한 이해
- 대학생의 성장과 대학의 교육효과를 높이기 위한 비교과 프로그램에 대한 정보
- 효과적인 학년별 이수교과목과 순서도

그리고 이 과정에서 수강신청 과정을 기술적으로 이해할 수 있도록 구체적인 지도를 하는 것도 학사지도의 범위에 속한다. 이러한 내용은 주로 신입생을 대상으로 한 입학전 학사지도와 수강신청 지도에서 먼저 개괄적으로 전달하게 되는데, 학생들에게 익숙하지 않은 용어와 개념이 들어간 정보들을 정확히 전달하기 위해 학사지도교수는 학생들에게 필요한 교과목표, 교과 과정, 수강신청 권장내용 등이 포함된 입학전 학사지도 자료를 세심하게 만들어 제시할 필요가 있다. 이후 본격적으로 대학에서의 공부를 수행하면서 1학년세미나, 개별 학사지도 등 보다 소규모 또는 개별적인 피드백이 가능하며 학생들과 상호작용 할 수 있는 학사지도의 장(場)에서 대학생활 및 대학공부 주제와 함께 연결되도록 교육할 수 있을 것이다.

이처럼 각 대학이 가진 교과목 체계에 대한 정보를 바탕으로 자신이 이수하게 될 교과목들이 보다 상위의 교육목표를 위해 체계적으로 설계되었고 전공, 교양, 비교과 영역들은 전체 교육 효과를 높이기 위해 유기적으로 짜여진 과정임을 이해하도록 하는 것이 대학공부에 관한 학사지도의 가장 기본적인 목표이다.

대학 공부의 의미 이해

대학교육과정에 대해 기본적으로 이해하도록 하는 학사지도와 더불어, 대학에서 하는 공부가 어떤 의미를 가지는지에 대한 학생의 성찰이 함께 이루어지도록 교육할 필요가 있다. 최근 대학교육은 대학 과정을 마친 이후에도 급변하는 사회적 환경 속에서 자신에게 필요한 지식과 기술이 무엇인지 판단하고 이를 지속적으로 학습할 수 있는 역량의 육성이라는 목표를 가지고 있다. 그런데 중고교시절까지 주어지는 지식을 수용하는 것에만 주력했던 학생들이 대학생이 된다고 해서 자발적으로 필요한 공부를 찾아서 하는 태도로 전환하는 것은 쉬운 일이 아닌 듯 하다. 대학에 입학하며 학생들이 대학 공부에 대해 가지는 생각은 대체로 자신의 전공분야 지식을 얻고 좋은 성적으로 학사학위를 취득하여 사회로 진출할 때 활용한다 라는 것이다. 이는 중고교시절 내신을 관리하며 공부하던 것과 거의 다를 바가 없는 '수단으로서의 공부'라고 할 수 있으며, 이 이상으로 공부에 목적을 부여해야 한다고 생각하는 학생을 찾기도 쉽지 않다. 우수한 성적의 취득이 학생이 택할 수 있는 하나의 목표는 될 수는 있지만, 학생들에게 대학에서의 성적이 객관적인 지표로 쓰이는 영역과 범위에 대해 적절히 알려주고 이에 대해 과대한 해석을 하지 않도록 지도하여 자신의 다각적인 성장을 위한 교과목 선택을 할 수 있게 하는 것도 학사지도의 영역이다.

이처럼 대학공부의 의미를 한정되게 이해하고 있는 학생들의 반대편에는 대학에 가면 드디어 '원하는 과목을 선택해서 마음껏 공부할 수 있다'는 생각을 가진 학생들이 있다. 이들은 이러한 생각을 가지고 입학했다가 자신의 전공과 관련이 없어 보이는 여러 교양수업 및 졸업요건에 등재된 교과목 목록에 실망하고는 대학에 왔는데도 하고 싶지 않은 공부를 해야 한다며 불만을 토로하기도 한다. 이처럼 대학에서의 공부에 대해 제대로 이해하지 못하는 경향은 특히 교양교과 과정이 큰 비중을 차지하는 신입생 때에 두드러진다. 나름대로 '공부다운 공부'를 하고 싶다고 생각하는 학생들은 대학에서 필수적으로 이수하도록 지정한 교양과목을 부차적인 것으로 취급하거나 의미 없는 활동이라고 생각하여 소홀히 여기며 기계적인 학습을 하기도 한다. 실제로 개별 학사지도를 통해 만난 신입생들은 '교양과목만 주로 수강하니까 흥미가 생기지 않는다' '대학에 왔지만 수업이 고등학교 때와 별 차이가 없는 것 같다' '딱히 깊이 있게 배운다기 보다는 그냥 외워서 시험을 본다'고 말하며 대학교육의 의미를 제대로 이해하지 못하고 있음을 드러내는 경우도 많다.

학생들의 이러한 경향은 국내 대학생에게만 국한된 것도 아니어서, 2007년 대대적인 교양교육과정 개편이 있은 후 하버드대학에서 2015년 발표한 교양교육 과정 중간평가를 보면, 학생들의 교양교육에 대한 인식에 여러 가지 문제점이 있음을 지적하고 있다 (Harvard Magazine, 2015). 교양교육 교과목의 경우 학생들이 출석이나 수업에 기울이는 노력 정도의 편차가 굉장히 심하며, 학생들도 교양교육 교과목을 다른 교과목에 비해 덜 진지하게 인식한다고 보고하였다. 더 나아가 학생들이 좋은 성적을 받을 수 있거나 학습량이 상대적으로 적은 교양교육 교과목을 선택하는 경향이 있는 것으로 나타난다.

학생들이 가진 대학공부와 교양교육 관련한 제한된 인식을 확장하여 제대로 의미부여를 하고, 이를 통해 학습의 자발성과 동기를 높이는 것이 학사지도의 주요 역할이다. 학생들이 자신의 대학이 가진 교육 목표가 무엇이며 어떤 인재를 기르고자 하는지, 그리고 전반적으로 대학과정에서 어떤 역량을 길러야 하고 대학교육이 어떻게 이를 함양하도록 설계 되었는지를 이해함과 동시에 대학공부의 의미를 이러한 대학의 교육목표와 인재상에 대한 이해와 연결시켜 볼 수 있을 것이다. 이에 관련한 학사지도 내용은 다음과 같은 것이 될 수 있다.

- 대학의 목적은 무엇일까? 내게 대학을 다니는 의미는 무엇인가?
  - 대학의 발전사 속에서 대학교육이 어떤 위치를 차지하고 있었는지 역사적 맥락을 짚어본다.
  - 대학 진학율이 70%에 달하는 한국의 상황에서 대학교육이 보편교육 이상의 의미를 가질 수 있다면 무엇일지 논의한다.
- 대학공부를 어떤 관점으로 이해할 수 있을까?
  - 특히 학생들이 소홀히 하기 쉬운 교양교육이 전공 준비를 위한 도구나 '교양인의 지식'이 아닌, 세계관 형성과 시민의식, 윤리성, 진리추구를 위한 의미가 있음을 확인해본다.
  - 현재 이수하고 있는 교과목들이 어떤 역량을 성장시킬 수 있는지 각 과목의 수업계획서와 내용을 기반으로 파악해보고, 각 과목들의 연결점을 찾아본다.
  - 자기주도적 학습법, 교과목 선택의 기준 등을 살펴본다.

이러한 주제들은 개별면담에서도 다룰 수 있지만 소그룹 면담이나 1학년 세미나와 같은 집합적인 학사지도 환경에서 상호작용과 함께 다루는 것이 보다 효과적일 것이다.

다음은 위에서 다루어진 대학공부의 의미와 이해에 관련하여, 1학년세미나에서 작성된 학생들의 보고서 사례들이다. 아래의 보고서에서 보여지는 것과 같이, 학사지도는 대학공부의 목적과 의미에 대한 학생들의 성찰을 유도하고, 이에 대한 이해를 높이고자 한다. 특히 학생들이 부차적으로 취급하여 소홀히 하기 쉬운 교양교육에 대해서는 이러한 교육의 필요성이 더욱 크다고 할 수 있다. 학사지도를 통해서 구체적으로 교양교육의 목표 이해 수준, 교양교육을 통해서 신장될 역량에 대한 이해, 대학의 교양교육 교과과정 구성에 대한 이해의 수준이 높아질 수 있고 교양교육목표에 대한 충분한 교육이 이뤄질 수 있다 (도경선 외, 2018).

1학년세미나 보고서 사례

사례1. 대학공부에 대한 개인적인 의미 발견

주제: 대학공부는 자신에게 어떤 의미가 있는가?

학생 1

"대학에서의 배움은 거대한 의미를 가진다고 생각한다. 대학에서의 배움은 국민이 갖춰야 할 기초적인 교양을 배우는 중등교육과정과는 달리 사회인, 지식인으로서의 교양을 습득할 수 있는 기회가 된다. 대학에서의 인간관계는 집단주의적인 생활을 계속해 온 청소년들에게는 새로운 기회이며, 대학을 구성하는 학생사회는 동아리, 학생회, 학회, 대외활동, 봉사활동, 인턴십에 도전할 수 있는 기회의 장이다. 대학은 학부생들에게 강의실에서의 강의를 제공할 뿐만 아니라, 학부생들을 '무엇인가를 배울 수 있는 무궁무진한 가능성' 가까이로 데려오기도 한다는 것이다. 대학에서의 가르침은 시대의 발전 속도가 빨라지면서 낡은 것이 되기도 하지만, 대학 생활의 과정 속에서 얻는 유무형의 경험은 그 이후의 발전에 있어 더욱 직접적인 기초가 된다. 결론적으로 대학에서 얻을 수 있는 배움의 크기가 전적으로 학생들의 열정과 노력에 달려 있다는 것에서, 대학의 의미가 극대화된다고 생각한다."

학생 2

"대학에서의 공부를 통해, 나는 '대체할 수 없는 인재'가 되고 싶다. 함께 공부하는 동기들을 비롯해서 나의 주변 사람들을 살펴보면, 대학 이후의 진로는 다양하지만 어느 정도의 틀에서 벗어나지 않는다. 경영학과를 예로 들면, 대부분이 로스쿨 진학, CPA 취득, 5급 공무원 공채 응시를 최우선 목표로 두고 있다. 이러한 단기적 목표와 그 뒤에 펼쳐질 삶을 고민해봤지만, 내가 원하는 길은 아니었다. 내가 원하는 것은 나의 노력과 학문적 가능성을 증명할 수 있는 수단뿐만 아니라, 이력서에 기록되는 스펙으로 보여줄 수 없는, 남들과 똑같은 경험 속에서도 깊이 있는 통찰을 이끌어낼 수 있는 능력이다. 내가 속한 대학이 원하는 미래지향적인 인재에게 요구되는 것은 학점, 다양한 스펙, 각종의 자격증, 여러 경력이 전부가 아니다. 대체할 수 없는 인재가 되기 위해서는 대체할 수 없는 통찰과 사고가 필요하고, 이는 대학 생활 전체를 자신이 목표하는 바에 연결짓는 일에 다름 아니다.

이를 위해서는 어떠한 경험도 등한시하지 않는 태도로 학교생활에 임해야겠다는 생각이 들었다. 수많은 기회가 나를 기다리고 있음을 느끼고, 내가 손을 뻗는다면 거기에 다가서서 지금껏 경험하지 못한 것을 겪을 수 있다는 것도 느껴진다. 말 그대로 '무엇이든 배울 수 있는 장소'로서 대학을 정의하면서, 생활 속의 무엇이든 학습의 대상이자 경험을 통해 스스로를 단련시킬 수 있는 자양분으로 보이게 되었다."

사례2. 교과목들의 연결을 통한 배움의 확장

주제: 현재 수강중인 교과목들 중 주제나 시각 등의 측면에서 공통점을 찾을 수 있는 과목은 무엇인가? 그리고 그 공통점은 무엇인가?

학생 1

"'역사 속의 색채'와 '서양 철학사'라고 할 수 있다. 두 가지 키워드 면에서 유사한데, 우선 '역사'라는 카테고리를 '한 가지 주제'로 관통한다는 점이다. 역사 속의 색채의 경우 색채라는 점을 통해 인류 문명사를 바라보고, 서양철학사의 경우 사랑과 죽음에 대한 플라톤의 생각을 통해 서양 철학사를 바라본다. 차이점이라고 한다면, 역사 속의 색채는 인간 외적인 면에 집중하는 반면 서양철학사는 인간 내면에 초점을 맞추고 있다는 점이다."

학생 2

"기독교와 세계문화"와 "Great Books and Debate: 고전환상문학작품의 가치와 윤리"가 유사한 점이 있다. 기독교와 세계 문화는 우리 사회와 문학 등 인간 생활의 종합적 영역에 종교가 미친 영향과 인간에 미친 영향을 찾고자 하고, '고전환상문학작품의 가치와 윤리'수업은 텍스트에 대한 분석을 통해 당시 사회, 현재 독자가 읽으면서 받을 수 있는 영향, 작가의 의도 등 텍스트와 사람 사이의 상호작용을 찾고자 한다. 두 과목 모두 어떤 현상/텍스트의 원인, 특히 정신적/기능적 원인에 집중하여 심층적 이해를 도모한다는 점에서 비슷한 시각을 가졌다고 볼 수 있다."

사례3. 교과목의 의미 도출과 이의 적용

주제: 현재 수강중인 교과목에 대해서 (1) 교과목들은 무엇을 가르치고자 하는가? (2) 내가 배우고 있는 것 또는 내가 생각하는 이 교과목의 의미는 무엇인가? (3) 이 과목을 수강하면서 향상되는 내 역량은 무엇인가? (4) 이 과목을 수강하면서 교수자에게 하고싶었던 질문 또는 했던 질문들은 무엇인가?

학생 1: "기독교와 세계문화" 과목 수강

종교를 이해해야 하는 이유와 종교가 인간 삶에서 차지하는 영향을 가르치고 있다. 이 교과목은 나에게 종교에 대한 새로운 관점을 준다. 그것이 왜 필요한지, 사람들의 삶에 어떤 영향력을 행사하는지 공부하다보면 비종교인으로서 종교인의 시각을 이해할 수 있게 되어 사회를 보는 시각이 넓어진다. 새로운 세계를 체험하는 느낌이다. 본 과목을 수강하면서, 서양 예술 작품에 사용된 기독교적 코드를 해석할 수 있는 능력과 인간의 합리성과 비합리적 영역에 대한 통찰력을 신장할 수 있었다. 마지막으로 수업중에 종교의 불안 잠식 기능에 대해 이야기하셨을 때, 종교 대신 철학으로 우연성에 대한 공포를 이겨내려는 시도에 대해 말씀하셨다. 그 철학은 운명론적 시각에 기반한다 하셨는데, 초월적 존재를 상정하지 않고 어떻게 운명론적 시각을 가질 수 있는지 질문하였다. 결정론적 관점에 따르면 세상에 일어날 모든 일들은 정해져 있는데, 평범한 것들의 운명이 정해져 있다면 평범한 것들이 스스로의 운명을 미리 정해둘 수는 없으므로, 평범한 것들의 힘이 아닌 어떤 초월적 존재의 힘이 필요한 설명 방식이 아닌가라는 생각이 들었기 때문이다.

학생 2: "서양문화의 유산" 과목 수강

사건의 나열이 아닌 흐름으로 보는 서양의 역사를 가르치는 교과목으로서 나는 이 과목 수강을 통해서 사건과 정치 중심의 역사가 아닌, 사회 구조나 환경사 등 종합적인 관점에서 역사를 보게 한다. 이 과목을 공부하면서 환경과 인간의 관계 등 총체적 관점에서 인간 삶을 조망하여 얻는 사회를 보는 종합적 시각과 필요한 정보를 선택하고 그것으로 논리적 틀을 만들어낼 수 있는 능력을 키웠다. 마지막으로 이 과목을 공부하면서, 교수자에게 가축의 차이가 아메

리카와 유라시아 대륙의 발달 정도의 차이를 만들었다는 주장에 대해, 가축의 차이가 발생한 이유는 무엇인가?라는 질문을 하고 싶다.

대학공부와 관련한 제도의 이해와 적용

대학공부와 관련한 학사지도의 주요 목적은 학생의 현재 학업 관련 상황 및 교육에 대한 욕구와 필요를 종합적으로 판단하고, 전공과 향후 진로계획에 맞는 전공 및 교양 교과과정을 학생과 함께 검토하며, 적절한 수강교과목을 제안함으로써 학업을 통한 성장 기회를 제시하는 것이다. 학사지도는 학생들의 대학생활 적응상황과 학업에 대해 가지는 생각, 어떤 분야가 어렵다고 느끼는지 혹은 흥미를 가지고 있는지, 현재 전공과 진로에 대해 어느 수준으로 탐색 또는 결정이 진행되었는지, 이에 관한 구체적인 준비활동이 있는지, 그리고 이러한 과정에 있어서 심리적 재정적 어려움이 없는지 등의 개별적인 상황을 파악하여 이에 맞는 도움을 주고자 한다. 학사지도교수는 이를 위해 대학의 전공교과목 수강체계, 전공별 세부영역에 대한 정보, 학생이 하나의 전공 이상을 이수하고자 할 때 필요한 조건과 적절할 시기, 학사학위 이상의 공부를 추구하는 학생들이 이용할 수 있는 주요 제도 등에 대한 정보를 정확히 알고 있어야 한다. 이를 항목별로 살펴보면 다음과 같다.

- 전공의 세부영역과 전공기초, 전공필수, 전공선택 교과목 체계, 졸업요건
- 전공과 관련한 비교과 프로그램의 내용, 이수가능 시기, 지원자격 등 구체적인 정보
- 개별 학생의 진로결정여부, 관심진로, 진로성숙도, 수강교과목, 학업성취도 수준, 과외활동 내용, 기타 대학생활 적응관련 사항
- 대학에서 운영하는 복수전공, 부전공, 융복합과정, 대학원과정, 대학원 통합과정, 기타 학위 관련 제도 전반과 각각의 특징, 지원자격, 필요 조건에 대한 정보

예를 들어, 경영학과에 입학하고 아직 진로에 대해서는 미확정이지만 막연히 마케팅에 관심이 있는 1학년 학생과의 면담을 생각해 볼 수 있다. 필자가 재직중인 학교의 경영학과 학생이라면 1학년 교과과정 중 교양의 지정된 영역에서 경제학 및 통계학 기초과목을 이수해야 한다. 그리고 2학년이 되면 본격적인 전공공부를 시작하게 되는데, 세부전공 영역으로서 매니지먼트와 국제경영, 마케팅, 회계, 재무, ODI (Operation, Decision, Information: 생산 및 운영관리, 경영과학, 경영정보시스템) 영역을 공부하게 된다. 각 세부전공 영역에는 난이도와 수강 순서를 달리하는 매우 여러 개의 전공선택 교과목들이 개설되어 있다. 전공선택은 세부전공의 심화과목 뿐만 아니라 다양한 경험과 역량을 기를 수 있는 사회참여형 교과목, 기업활동 연계형 프로그램, 세미나를 포함하고 있다. 경영학과 학생들은 2학년에 세부전공 영역 6가지에 대한 기초과목을 이수해야 하며, 전공기초 중에서도 특정 교과목, 이를테면 회계원리1을 이수하고서 재무관리를 이수하는 것이 권장된다. 학사지도교수는 학생과 함께 일단 이러한 점을 고려하여 전공과목에 대한 이수 순서를 정하여 학업계획을 짜기 시작할 것이다. 학생들은 경영대학 뿐만 아니라 공과대학의 지정 교과목을 이수하고 관련 비교과활동을 수행하면 세부전공 창업심

화 영역에 대한 이수인증을 받을 수 있는데, 학생의 관심에 부합한다면 이를 조건에 맞게 체계적으로 이수하는 과정을 함께 살펴본다. 이러한 정보는 개괄적으로 경영대학 홈페이지에 제시되어 있지만, 학사지도를 통해 학생들에게 전달되면서 개별학생들의 흥미나 관심진로에 따라 과목들의 조합과 영역별 비중, 이수 시기는 달라질 수 있다. 그리고 교과목뿐만 아니라, 전공교수진의 세부전공영역 및 이들이 가진 최신의 관심사를 학과 홈페이지, 교수진의 최신 논문과 저서 등을 통해 살펴보도록 권할 수 있다. 이 과정은 학교 도서관과 연계한 학술정보 찾는 방법 등 제대로 된 학술자료 취득 경로를 지도하는 것과 함께 진행하면 효과적일 것이다. 그리고 이후에 학생이 보다 관심을 구체화하면서, 해당 분야 교수님과의 전공 공부 및 관련 활동에 대한 의논으로 이어 질 수 있을 것이다. 아울러 학사지도 진행 과정에서 마케팅 분야에 흥미를 갖고 있는 이유를 짚어보고, 스스로 자신이 중요하게 생각하는 삶의 가치와 이러한 관심 또는 진로가 어떻게 연관되는지, 해당 영역에서 요구하는 역량이나 기술의 수준이 현재 어느 정도이며 학생이 희망하는 다른 활동과 어떻게 연결시킬 수 있는지도 살펴보게 될 것이다.

학업계획의 수립

대학에서의 학업계획 수립은 그 자체가 학생들로 하여금 대학공부의 체계를 이해하고 자신의 진로와 연결하여 학업을 이행할 수 있도록 전체적인 과정을 그려보는 중요한 과정 중 하나이다. 학사지도교수는 학생들이 학업계획표를 작성하는데 고려해야 할 요소가 무엇인지 확인하고, 학생이 대학생활 전체의 목표에 대해 생각한 뒤 구체적인 실행방법을 고려하여 각 학년별로 어떤 공부를 어떻게 시작하고 수행할지 정리하는 과정을 함께 진행한다.

학업계획을 수립하려고 할 때 고려해야 할 항목은 우선 대학공부에 대한 학생 스스로의 평가와 전공에 대한 관심, 그리고 학생의 희망 진로분야 라고 할 수 있다. 대학공부에 대한 학생의 관심과 이를 어떻게 수행하고 있는지에 관한 평가는 대학공부와 대학생활 만족도 및 적응의 핵심이다. 학생이 자신이 하고 있는 대학공부와 대학생활에 대해 가지는 인상은 해당 대학과 전공에서 계속 공부할지 다른 경로를 모색해야 할지 등에 대한 결정을 바꾸게 되기도 한다. 이러한 내용에 대한 확인과 학사지도는 주로 학기초의 개별 면담이나 집단지도를 통해 진행하며, 이때 학생들이 가진 학업동기와 자발성, 학업능력, 교육과정에 대한 정보 등에 대해 확인하게 된다. 이 과정에서 학생들이 잘못 이해하고 있거나 정보가 부족한 부분에 대해서는 바른 정보를 제공하고 이를 바탕으로 학업계획의 방향을 설정하도록 지원할 수 있다.

학생들 중 자신의 전공에 대한 이해가 부족하고 특히 희망하는 진로와 전공 공부의 연관을 찾지 못하는 경우, 그리고 자신의 전공이 적성에 맞지 않는다고 여기는 경우에는 대학 공부에 흥미를 잃기 쉬우며, 자발적인 동기를 가지고 공부하는 데에 어려움을 겪을 수 있다. 이러한 경우 학생들에게 자신의 전공영역과 관련한 대학의 교양 및 교과과정을 정확히 알리고, 제대로 이수할 수 있도록 지도하는 것이 필수적이다. 우선 학생이 전공하고자 하는 분야의 기초-선택-필수-심화 등의 교과 이수체계를 제시하고, 현재 학생의 학업능력과 이수 단계 등을 체크하여 교과목 수강 계획을 수립하는 것을 지원한다. 그리고 학생들이 이를 필요한 시기에 미루지 않고 이수하도록 입학 전후 시기별로 적절한 정보를 제공하며 학생이 제대로 수강하고 있는 지 여부 및 취득한 성적 등을 확인하는 과정도 함께 이루어질 필요가 있다.

같은 전공내에서도 학생의 세부 관심영역이나 희망하는 진로에 따라 활용할 수 있는 학위 관련한 제도가 다를 수 있다. 학사지도교수는 학생의 상황을 고려하여 복수전공이나 부전공, 연계전공, 학부 대학원 연계 과정 등 학교에서 제공하는 적합한 학내 프로그램 및 자원과 제도를 소개하고, 이에 따른 학년별 이수 계획을 수립할 수 있도록 적절한 정보를 주어야 한다. 그리고, 구체적인 진로를 정하지 않아 어떻게 공부해야 할 지 가닥을 잡지 못하고 있는 학생이라면 학생의 진로결정과 관련한 자기이해의 수준을 파악한 후 진로와 전공탐색이 가능한 교과목 선택을 지원하고, 아울러 보편적으로 역량향상이 필요한 영역들, 즉 의사소통능력이나 비판적 사고능력, 문제해결 능력 등 핵심역량[17]에 해당하는 능력을 향상시킬 수 있도록 방향을 잡는 지도를 할 수 있을 것이다.

위와 같은 정보를 가지고 학생과 의논을 진행하면서 매 학년과 학기별로 학업계획표를 작성해 보는 것이 좋다. 학업계획표를 작성하는 과정에서 구체적으로 학생의 전공에 전공기초와 전공필수, 전공선택 교과목 및 졸업요건을 충족시키기 위한 교양교과목을 어느 시기에 이수해야 하는 지를 먼저 확인하고, 학생이 복수전공을 고려한다면 이를 언제 시작하여야 필요한 시기까지 마칠 수 있는지, 탐색을 위한 교과목에는 무엇이 있으며 이를 적어도

17 각 대학의 교육목표에 따라 대학교육을 통해 길러주고자 하는 주요 역량들을 제시할 수 있다.

언제 시작하는 것이 좋을지 등을 구체적으로 조사하고 확인할 수 있게 되며 실제로 시행 가능한 학업계획을 작성할 수 있도록 도와준다.

1학년					
1학기					
종별	교과목	학점	학기	누적	졸업 요건
기초교양	글쓰기	3			
	대학영어I	2	5	5	10
기초교육	YONSEI RC 101	1	1	1	2
필수교양	경제학개론	3			
	서양철학사	3			
	그리스비극의영웅세계	3			
	세상을바꾼신물질	3	12	12	27
전공					48
TOTAL		18	18	18	126
2학기					
기초교양	성서와기독교	3			
	대학영어 II	2	5	10	10
기초교육	사회참여-아동센터멘토링	1	1	2	2
필수교양	통계학입문	3			
	현대사회와사회학	3			
	컴퓨터 프로그래밍	3	9	21	27
전공	기업가정신	3	3	3	48
TOTAL		18	18	36	126

[그림 4] 학업계획표 작성 사례

학습지원

대학공부의 의미를 충분히 이해하고 있으며 나름 성실히 공부하는 편이지만 학습 성과가 잘 나타나지 않아 고민하는 학생들을 만나게 되기도 한다. 이는 학생의 공부방법이 해당 과목에 적용하기에는 적절하지 못하거나, 자신의 학습 성향에 대한 이해의 부족으로 인한 것이거나, 학업과 관련된 다른 어려움 때문일 수도 있다. 학사지도는 이러한 상황들에 직접 도움을 줄 수 있는 프로그램을 기획하고 운영할 수도 있고, 대학내의 연관 기관 등에서 운영중인 학습 관련 자원을 소개하여 활용하도록 지도할 수 있다.

우선 학사지도를 통한 학습지원 방안으로는 집단학사지도에서의 대학 학습기술에 대한 전반적인 지식과 방법 제공 등을 들 수 있다. 학생들이 자신의 학습 스타일에 대해 인식하게 하고, 자신에게 적절하고 효과적인 방법을 찾는 것을 도와주는 것도 그 중 하나이다. 1학년세미나와 연계하거나 그룹면담 등에서 학습유형[18] 파악을 위한 간단한 워크숍을 하여, 학생들이 스스로의 학습 특성을 이해하고 이를 바탕으로 효과적인 대학공부의 계획과 실행에 적용해 보도록 지도할 수 있다.

대학공부 방법에 대한 학사지도 프로그램 중 특히 학생들에게 호응이 높은 것은 학생들의 롤모델이 될 수 있는 우수한 재학생을 섭외하여 학생 눈높이에 맞는 언어와 내용으로 정보전달과 질의응답을 하는 형태이다. 학생들이 많이 이용하는 각종 정보공유 싸이트에는 학생들이 올려놓은 단편적이고 편향된 정보들이 넘쳐나고 있는데, 학사지도교수는 대학공부에 대해 적절한 도움이 될 만한 학업경험을 가진 학생을 초대하여 이 학생과 함께 학업 관련한 주제와 사례를 선별한 뒤, 대학공부에 대한 간담회나 1학년세미나의 대학공부 세션 등을 통해 정제된 정보를 제공할 수 있다. 같은 내용이라도 학생들은 동년배의

18 Kolb(1999)의 학습유형 구분에 따른 학습유형 해석 등이 사례가 될 수 있다. Kolb는 경험학습 모형에서 정보의 지각과 이의 처리방식에 근거하여 네가지 학습양식을 소개하였으며, 이에 의해 학생별로 선호하게 되거나 효과가 높은 학습법이 다르다고 보았다.

학생들을 통해 지적인 자극을 훨씬 더 많이 주고 받으며 성장할 수 있다.

이 외에도 전공에 따라 필요한 학업역량이 무엇인지 학생과 함께 확인해 보고 이와 관련한 능력을 기르는 방법을 지도하거나 과제 수행을 위해 유용한 자료를 찾는 경로와 방법, 추가적인 독서리스트 제안, 학술적 보고서 쓰기 방법 등 학습방법을 직접 지도함으로써 학업과 관련한 도움을 줄 수도 있다.

학내의 여러 튜터링 프로그램, 효과적인 온라인 강좌, 학생들에게 호응이 높고 성과가 있는 것으로 알려진 학습공동체 등 학업과 관련한 교내의 자원을 소개하여 이에 참여하거나 활용할 수 있도록 지도할 수 있다. 대학별로 학습지원센터 등에서 학습과 관련한 여러 프로그램이나 자료를 제작하고 운영하고 있는데, 학사지도를 통해 학생들에게 이러한 프로그램과 자료의 소개 및 이의 활용방법을 교육할 수 있다. 또한 경우에 따라서는 학사지도교수가 튜터링이나 학습공동체 등 학생들에게 필요한 프로그램을 직접 운영하면서 이의 성과를 모니터하고 개선하기도 한다.

그리고 학습지원이 필요한 것으로 보이는 학습부진 학생들을 만나보면 학습기술이나 방법 학업능력 등의 문제 이전에 경제적 또는 심리적 어려움 때문에 학업이 부진한 경우가 상당한 비율을 차지한다. 학사지도시스템에서는 다각도로 학습부진의 원인을 파악하고, 이를 제대로 해결할 수 있도록 장학금이나 상담센터 등의 교내자원을 연결해 줌으로써 학습지원이 이루어지도록 할 수 있다.

진로준비와 성장

교수님께 진로 관련해 도움을 많이 받고, 소개해주신 선배님들 조언 덕분에 공학 대학원 합격했습니다. 인문학을 공부하던 제가 VR, AR 관련 연구를 하고 싶다는 것에 대해 응원해주셔서 감사합니다. 그 동안 교수님께 매번 이것저것 많이 여쭤보고 투덜거리기도 했는데 기쁜 소식을 전할 수 있게 되었네요. 앞으로 저와 같이 방황하는 학생들이 있으면 언제든 연락 주십시오.

공학대학원으로 진학한 인문학도로부터

학사지도 상황에서 진로탐색, 진로계획의 수립, 계획의 실행을 위한 방안 등 진로와 관련된 내용은 가장 빈번하고 중요하게 등장하는 주제이다. 문학과 역사를 공부하던 학생이 고학년이 되어 공학을 하고싶다는 경우도 있고, 자신의 전공이 원래 맞지 않았다면서 자퇴를 고민하며 찾아오기도 한다. 학생에게 필요한 정보를 주는 것은 어렵지 않지만, 도전하라고 격려를 해야할지 혹은 결정을 위한 시간이 더 필요하다고 조언해야 할 상황인지 판단하기는 쉽지 않다. 그리고 학생의 개인적인 상황에 대한 판단은 학교 밖의 사회에 대한 고려로 이어질 수 밖에 없다. 현재 우리사회는 산업구조를 포함한 여러 측면에서 속도감 있는 변화를 경험하고 있으며 이에 따라 앞으로의 일자리 지형도 지금과는 매우 다를 것이라는 전망이 지배적이다. 이처럼 변화가 상수인 상황에서 사회가 필요로 하는 인재가 되기 위해서는 변화에 적응할 수 있는 지속적인 학습능력, 질문을 할 수 있는 능력의 중요성이 강조되고 있다. 이러한 얘기들 속에서 대학생들은 여러모로 불안하다. 그래서 학생들은 대학 입학 후 입시에서 벗어났다는 기쁨도 잠시일 뿐, 학점과 스펙쌓기 무한경쟁에 돌입하거나 다시 취업을 위한 수험생이 되기도 한다.

뒤처지지 않기 위해 일단 진로준비에 돌입하면서 학생들은 자신에 대한 정확한 이해를 위한 충분한 경험과 시간을 갖지 못할 뿐만 아니라 졸업 후 삶에 대한 과도한 걱정과 고민 때문에 실제 대학생활에 제대로 집중하지 못하기도 한다. 내게 중요한 것이 무엇이고, 나는 무엇을 하고 싶고, 나는 무엇을 잘 하는지 등 진로를 설정하기 위한 근본적인 질문을 뒤로 한 채, 사회가 선호하는 진로는 무엇인가? 내 주변의 사람들은 진로탐색과 진로계획을 위해서 어떤 활동을 하고 있는가? 나의 전공과 대학공부는 진로에 도움이 되는가? 등 외부적 판단기준과 진로에 대한 염려를 바탕으로 진로를 준비하는 경우가 매우 많다. 이런 상황이 지속되면서 학교생활 자체와 진로 결정에 대한 회의, 그리고 졸업 후 삶에 대한 불안이 누적되어 심리적 문제까지 겪는 사례도 종종 발견된다. 대학에서 자신에 대한 이해를 기반으로 공부하며 성장하는 기회를 제대로 갖지도 못한 채 스펙 쌓기를 위해 시간과 에너지, 재원을 쏟아 붓지만 역설적으로 진로준비에 어려움을 겪게 되는 것이다.

그렇다면 학사지도는 학생들의 진로설정에 대해 어떤 시각을 가지고 이를 다루고 있을까? 학사지도의 주요 목표 중 하나는 대학생들이 사회 구성원으로서의 의미 있는 삶을 모색하고 스스로 하고 싶은 일을 찾아 나서며 이 과정에서 필요한 정보를 수집하고 대학생활 속에서의 실행계획을 수립하는 등 진로탐색과 준비의 과정 전반을 돕고 지도하는 것이다. 이 장에서는 학사지도의 관점에서 대학생의 진로탐색과 준비, 실행이 어떻게 이루어지는지 살펴보고, 학사지도 영역에서 시행할 수 있는 진로교육에 대해 서술하고자 한다.

학사지도에서 다루는 진로지도 영역

진로에 관한 준비와 진로의사결정, 이를 위한 실행의 과정은 사회적인 환경의 영향 아래에서 이루어지지만, 대학생에게는 개인적인 생애발달 단계와 긴밀히 연결된 과정이기도 하다. 대학생은 생애발달 단계에서 탐색기 후기에 해당하는데, 이 시기는 자아개념을 확립하고 실천해나가며 구체적인 진로를 준비하거나 필요한 교육과 훈련을 받는 단계이다.[19] 진로상담이론에서도 자신에 대한 이해와 직업에 대한 정확한 이해 양쪽을 제대로 수행하고 이를 기반으로 해야 제대로 된 진로의사결정이 가능하다고 얘기한다(고홍월, 2017). 진로의사결정 이전에 선행되어야 하는 자신에 대한 이해는 자신의 능력, 성향, 적성, 흥미, 가치관 등을 이해하고 확립하는 것이며, 이는 자아정체감의 매우 큰 부분이기도 하다. 그리고 직업에 대한 이해는 사회변화와 노동시장의 현황, 구체적인 직업의 업무환경, 각 직업에서 필요로 하는 역량과 경제적 보상의 수준, 향후 전망 등에 대한 정보를 수집하는 것이다(조규판 외, 2010).

19 Super(1990)의 발달론에서는 자기이해와 직업세계에 대한 이해에 따라 직업을 선택하기 위한 능력이 연령에 따라 변화하는 것으로 보고 있으며, 인간의 진로발달이 성장기, 탐색기, 확립기, 유지기, 쇠퇴기의 단계로 구분되고 각 단계는 고유한 특징 및 과제를 갖는다고 보았다. 이 중 청소년과 대학생 시절에 해당하는 탐색기 단계에서는 자아를 검증하고 진로 역할을 수행하면서 직접적인 직업탐색을 시도하게 되는데 이 시기는 다시 잠정적 결정 단계, 전환기단계, 시행기 단계로 구분된다. 잠정적 결정 단계에서는 잠정적으로 본인의 진로를 정하여 이를 바탕으로 추상적인 자아개념이 구체적인 자아개념으로 전환하게 되며, 스스로에게 적합하다고 판단한 직업을 경험해보고, 잘 맞는지 여부를 탐색하게 된다.

이처럼 대학생은 자신에 대한 이해를 추구하고, 진로선택과 관련한 충분한 외부 정보를 수집하며, 이들을 종합한 진로선택을 한 뒤 이러한 선택을 실현하기 위해 대학에서의 학업과 과외활동 등을 포함한 적절한 진로계획을 수립하고, 이를 위한 실천적 노력을 해야 하는 과제를 가지고 있다. 이는 진로준비와 발달에 관한 이론에서 설명하는 내용일 뿐만 아니라, 현재 우리 사회가 대학교육에서 다루기를 요구하는 내용과도 부합한다. 한국교양기초교육원에서 주최한 최근의 협력포럼들은 기업의 입장에서 대학교육에 바라는 점을 주제로 하였는데, 기업측 주제발표에서도 학생들의 진로에 관해서는 자신에 대한 이해, 직업에 대한 이해, 목표설정과 이의 실행에 대한 교육이 기본으로 제공되어야 할 필요에 대해 공통적으로 언급하고 있다.[20] 학사지도는 이러한 진로준비와 진로의사결정, 이의 실행 과정과 긴밀히 관련되는 교육이며, 특히 대학에서의 학업과 과외활동 계획의 수립 및 수립된 계획의 실행과 피드백 과정은 학사지도의 가장 중요한 영역이기도 하다. 그리고, 학업계획과 과외활동 관련 계획은 진로와의 연결성을 높이는 것이 수행의 효과가 높게 나타난다.

앞서 학년별 학사지도의 목표와 방법에서도 다루었지만, 대학 저학년의 경우는 자신에 대한 이해와 함께 대학의 환경, 제도, 교내외에서 활용 가능한 자원에 대한 이해가 주요 주제이다. 이때 잠정적으로 결정한 진로가 있는 경우 이러한 진로가 자신과 잘 부합하는 지 여부를 확인하고 탐색하도록 지

20 2017년 제10회 교양교육 협력포럼 '기업, 대학 교육에 바란다'에서 10대 그룹을 통해 본 기업의 교육혁신 주제발표에서는 대학에서 자아에 대한 이해, 직업과 기업에 대한 이해, 인생을 어떻게 설계할 것인가를 교육해야 한다는 점이 언급하였고, 2018년 기업과 대학 산학토론회 '4차산업혁명시대 기업이 필요로 하는 대학교육'중 기업에서 원하는 대학교육의 방향에 대한 주제 발표에서는 대학생들을 위한 진로준비행동의 교육이 필요하며 이는 자신에 대한 판단, 직업현황과 전망 파악, 설정된 목표 달성을 위한 학생의 노력 과정으로 보았다. http://www.konige.kr/files/sub0203/thekyowoo201707071546340.pdf에서 2019년 6월 24일 인출.

도하며, 이 과정에서 학생의 전공이나 추가적으로 필요한 공부와 역량, 자격조건 등에 대한 적절한 정보를 제공하거나 정보 취득 방법, 활용 가능한 대학의 제도와 자원에 대한 조언을 하게 된다. 진로미결정 학생의 경우는 자신에 대한 이해의 정도를 확인하여 자기이해가 충분하지 않을 경우 이 과정이 이루어 질 수 있는 학업과 활동에의 참여를 조언하고, 이를 바탕으로 학생이 진로 관련한 정보를 다각도로 수집할 수 있도록 지도한다. 그 다음은 진로경로의 설정과 구체적인 계획수립의 단계인데, 이때에는 학생이 지향하는 가치와 삶의 양식 등을 고려한 중장기 인생목표를 설정하고, 이를 위한 대학 졸업 직후의 진로를 구체화 해 볼 수 있도록 지도한다. 졸업 직후의 진로를 설정한다면 이를 고려하여 추가적인 학업이나 필요한 역량을 위한 경험 등을 종합한 학년별 실행계획을 수립할 수 있다. 그리고 학생이 계획을 실행하며 대학생활을 하는 과정을 옆에서 지켜보며 결과를 함께 의논하고 학생이 실행 결과에 대해 해석하는 것을 돕는 것이 학사지도에서 다루는 진로교육의 과정이다. 이러한 과정을 도식화 하면 다음과 같이 나타낼 수 있다.

자기이해	자신의 적성, 가치, 역량, 기술 등 자기에 대한 이해
탐색과 정보수집	관심진로 분야, 학문영역과 대학 교과목, 교내외 관련 활동 등 정보 수집
진로계획 수립	진로 경로를 설정하고 이를 고려한 학업과 대학생활 장단기 계획 수립
실행과 피드백	계획을 실행해 가며 중간결과 평가를 하고 내용을 수정하거나 새로 수립

[그림 5] 진로준비의 과정

중요한 것은 이와 같은 진로준비와 실행의 과정이 단선적인 일방향으로 진행되지 않는다는 점을 학생이 충분히 이해하고 조급해하지 않도록 도와주어야 한다는 것이다. 탐색과 정보수집 단계에서 자기이해의 내용이 확장되거나 조정될 수 있고, 실행을 거쳐 얻은 경험과 자신에 대한 심화된 이해, 새로운 외부 정보를 통해 다시 탐색 또는 진로설정을 하게 되는 경우도 얼마든지 있을 수 있다. 이는 모두 학생에게 의미 있는 경험과 진로준비에 대한 피드백일 수 있으며, 향후의 보다 적합한 진로결정을 위한 정보로 해석하도록 지도하는 것도 학사지도의 역할이다. 또한 이 과정에서 학생 집단별 그리고 개인별 상황과 배경에 따른 진로준비 과정 특성과 차이를 고려한 진로지도가 이루어져야 할 것이다.[21]

진로준비와 실행 과정에서의 학사지도

첫단계 : 자기이해

자신이 어떤 사람인지 알아가며 원하는 모습으로 성장하는 것은 시간과 경험, 성찰이 필요한 일이다. 특히 한국에서 청소년기와 중등교육 과정을 겪은 대학생들은 실질적인 자신에 대한 탐색과 이해 활동을 대학에 와서 제대로 시작하게 되는데, 대학에서도 진로결정을 하고 취업준비를 시작하는 시기가 앞당겨지고 있다 보니 정작 자신에 대한 이해가 단편적이고 부족하다는 인식조차 뒤늦게 하는 경우도 많다. 최근 한 일간지에는 '나를 공부하는

21 여학생(강예지 외, 2017)이나 오랜 해외경험이 있는 귀국학생(송승원 외, 2018)에 대한 진로지도 등이 이에 관련한 사례가 될 수 있다.

청년들'이라는 주제의 기획기사가 실렸는데[22], 기사에서는 사회진출 시기에 도달했거나 이미 진출했던 청년들이 자신에게 중요한 삶의 가치 탐색을 통해 스스로에 대해 이해하고자 하는 모습을 다루고 있으며, 또 다른 기사에서는 전문가들이 얘기하는 자기이해의 필요성과 갭 이어(Gap Year)[23] 등의 탐색 시기를 소개하고 있다. 자기이해는 결국 자신의 삶을 추구하기 위해 거쳐야 하는 과정이며, 적절한 시기에 이행하지 않는다면 진로준비 과정의 토대 자체가 불안정하다고 할 수 있다.

진로준비와 실행 과정의 학사지도 첫단계로서 자기이해를 가장 기본적인 사항으로 비중 있게 다루는 것도 학생들이 대학에서 학업과 다양한 활동을 통해 성장하고 장기적인 대학생활 계획을 세우는 데에 자기이해가 가장 우선적이라는 인식 때문이다. 자신에 대한 이해는 앞으로 어떤 삶을 살 것인지 그려볼 때의 첫 단계로서, 학생 자신이 어떤 사람인지와 자신에게 대학이 어떤 의미가 있을지에 대한 질문을 포함한다. 그러나 이는 상당히 오래 걸리는 과정이고 조용한 성찰로 답을 구할 수 있다거나 진로탐색 과목을 한 학기 수강한다고 해도 마지막에 해답을 얻는다는 보장도 없다. 학생들은 대개 즉각적이고 가시적인 결과가 나오지 않는 과정에서는 쉽게 조급해진다.

---

22 2019년 4월14일자 동아일보에는 '아버지처럼 살기 싫어요, 내가 누군지 알아야… '나'를 공부하는 청년들'이 게재되었다. 기사에서는 자아탐색 스터디 그룹, 전공과 직장을 바꾸며 직업탐색을 하는 젊은이들의 경향 및 전문가들의 탐색 필요성에 대한 조언을 소개하며, 이러한 추세에 대한 부모세대의 이해 필요성을 다루었다. http://news.donga.com/3/all/20190414/95043337/1 에서 2019년 6월 24일에 인출

23 2018년 4월23일자 News1 기사는 갭 이어Gap Year에 대해 다루고 있다. 갭 이어는 학업을 잠시 중단하고 봉사, 여행, 인턴, 창업 등 자신이 평소 하고 싶었던 일을 하면서 진로를 모색하는 기간을 말한다. 2016년 하버드대에 합격한 버락 오바마 전 미국 대통령의 딸 말리아가 입학을 한 해 미뤘다고 발표해 화제가 되었고 배우 엠마 왓슨과 영국의 해리 왕자도 갭 이어를 가진 유명인이다. http://news1.kr/articles/?3251890 에서 2016년 6월 24일에 인출

자신을 이해한다는 것은 고정된 상태의 무엇인가를 발굴 내지 발견하는 것이 아니므로, 단기간에 이루어지지도 않고 개인적인 해석이 필요한 과정이다. 학사지도교수는 이러한 점을 학생들에게 가능한 한 이해시키고, 자신을 탐색하는 과정을 통해 명료한 답이 나오는 것은 아니지만 자기이해를 위해 무엇을 고려해야 하는 지는 알게 되며, 탐색 과정에서 나온 자료를 스스로 분석할 수 있고, 수집한 정보를 다시 새로운 경험 속에서 적용할 수 있으며, 이러한 실행은 다음 단계의 기반이 되어 준다는 것을 설명할 필요가 있다.

구체적인 자기이해의 영역은 삶에서 중요하게 생각하는 가치, 흥미를 느끼는 활동, 상대적으로 잘하는 능력과 기술, 개인적 성향 등이 해당된다.[24]

- 추구하는 가치: 삶에서 중요하게 여기는 것
- 흥미: 좋아하는 것
- 능력과 기술: 잘 하는 것
- 개인성향: 인식과 판단의 스타일, 동기 부여 되는 요인 등에 대한 개인적인 차이들

이러한 영역에 대한 확인과 이해는 개별 면담에서도 진행하지만 학사지도교수가 주관하는 진로탐색 워크숍이나 학사지도 중심의 1학년세미나에서 하나의 세션으로 운영하는 것도 효과적이다. 워크숍의 경우는 학생들의 진로결정수준 또는 희망진로 분야의 유사성 등을 미리 확인하고 이를 기준으로 조를 짜서 함께 탐색과정을 공유하게 하는 것이 좋다. 개별 학사지도나

24 MIT Career Advising & Professional Development의 진로탐색 첫단계인 자기이해에서 네가지 요소에 대한 아이디어를 구했다. https://capd.mit.edu/explore-careers/career-first-steps/self-assessment에서 2019년 6월 24일 인출

워크숍, 1학년세미나 등에서는 각각의 영역에 대해 알아볼 수 있는 다양한 자가진단용 워크시트 등을 활용할 수 있으며, 자기보고서를 통해 스스로를 분석하도록 할 수 있다. 그리고 학내의 심리건강센터, 경력개발센터 등의 관련 기관에서 자기이해 진단 도구와 그룹 세션 등을 활용하도록 연계하거나 워크숍을 의뢰하여 진행하는 것도 가능하다.

중요한 것은 이러한 활동과 진단의 결과를 학생과 학사지도교수가 함께 해석하는 것이다. 고려하는 진로와 자신에 대한 정보가 어떻게 부합하는지, 혹은 상충하거나 보완의 필요가 있는지, 아직 진로가 미정인 경우라면 결과를 놓고 어떤 영역에 보다 중요성을 부여하여 진로가능성을 고려해 볼 것인지 등을 의논할 것이다. 그리고 현재의 결과가 고정된 것이 아님을 이해시키는 과정도 필요하다. 개별 지도가 아닌 경우 학사지도교수가 진행자로서 학생들의 다양한 결과를 적절히 공유하여 서로 다른 가치지향 등을 보면서 자신에 대한 이해와 함께 주변을 이해하는 시각을 확장시키는 교육도 가능하다.

두번째 : 탐색과 정보수집

기본적인 자기이해와 더불어, 관심 진로 또는 학생의 성향, 흥미, 가치 등 자신에 대한 정보를 고려하여 연관된 진로를 몇가지 선정한 뒤 이러한 진로를 추구하는데 필요한 정보를 수집하도록 지도한다. 이러한 진로영역의 탐색과 정보수집은 다음과 같은 과정을 거친다.

- 관심 진로분야 1~2개 선정

• 해당 분야의 특성, 필요로 하는 역량과 경력, 학위, 연관 전공분야, 경제적 보상수준, 업무 환경 등 구체적인 진로정보를 수집하고 리포트 작성
• 학사지도교수는 정보를 구하는 다양한 채널 등을 제시하고 필요에 따라 진로영역별로 해당 종사자를 연결해주는 진로탐색 간담회나 멘토링 참여

위의 과정을 다루는 데 있어서 개별 학사지도 세션을 통해서 학생의 개인적인 요구를 반영하는 지도도 물론 가능하지만, 앞서 자기이해 단계에서의 소규모 워크숍이나 1학년세미나와 연결된 활동으로 운영하는 것도 효과적이다. 이 경우, 다양한 정보들을 공유할 수 있어서 학생들의 관심을 확장하고 기존의 생각과 연결하여 보다 풍부한 정보 취득이 가능하게 된다. 그리고 학사지도교수는 학생들의 탐색과 정보수집 과정에서 특히 각 분야에서 필요로 하는 전공이나 학업측면의 요구사항 및 이를 실행할 수 있는 학내외의 학위제도나 교육프로그램, 교과목, 비교과 활동 등에 대한 구체적이고 실질적인 정보를 제시해 줄 필요가 있다. 그리고 주로 학생들이 관심이 많은 분야에 대한 진로정보 제공과 롤모델 제시 등의 효과를 위해 실제 분야별 종사자를 초청한 진로간담회 등의 탐색 프로그램을 운영하기도 한다. 이러한 진로탐색 관련 프로그램은 학내의 경력개발센터 등과 협업을 통해 상호간에 축적된 정보와 노하우 등의 자원을 적절히 활용하는 것이 효과적이다. 학사지도 담당 기관에서 진로탐색 프로그램을 기획할 때의 장점은 학생들의 실질적인 필요와 요구를 그간의 개별 학사지도와 자료분석을 통해 사전에 파악하여 분야를 정하고, 사전협의를 통해 내용을 조율할 수 있다는 것이다. 또한 이러한 프로그램을 1학년세미나 등 기존의 학사지도 프로그램과 연계하여 학생 참여율을 높이고 간담회에 대한 학생 피드백을 종합적으로 받을 수 있을 것이다.

<진로탐색 간담회>

학생들은 자신과 동일한 학교환경에서 교육을 받은 선배들이 진로 준비를 했던 생생한 경험이나 사회 현실에 대한 정보를 궁금해하며, 졸업 후 삶은 어떠한지 알고 싶어한다. 이때 학생들의 관심분야에 진출한 동문 선배를 강사로 초청한 진로 간담회는 이러한 정보를 전달할 수 있는 좋은 채널이자 학생들에게 롤모델을 제시할 수 있는 기회이다.

진로분야 선정과 간담회의 내용, 간담회 환경 등은 개인면담 및 사전 설문자료 등을 통해 학생들의 현실적인 요구를 파악한 뒤 이를 반영할 필요가 있다. 또한 강사와의 충분한 사전협의를 통해서 학생들의 요구를 정확히 전달하고 내용을 조율하여 진로 간담회의 질을 관리한다.

간담회에 참여하는 학생들은 간담회가 진행되는 동안 해당 진로에 관한 정보를 기술하는 워크시트를 작성함으로써 정보를 체계적으로 정리하도록 한다. 진로 간담회의 규모는 편안한 분위기에서 충분한 질의응답이 이루어질 수 있는 정도로 운영한다.

진로 간담회에 참여한 학생들은 졸업생 실제 사례를 통해 자신의 진로탐색에 관한 구체적인 아이디어를 얻고 같은 진로를 희망하는 동료그룹을 형성할 수 있는 기회를 마련할 수 있으며, 졸업생 선배와의 만남을 통해서 학교에 대한 소속감과 학교에 대한 신뢰를 높이고 막연했던 진로준비에 구체적인 동기부여의 계기로 삼을 수 있다.

세번째: 진로계획의 수립

자신에 대한 정보와 관심 진로로 진출하기 위해 필요한 구체적인 정보들을 수집했다면 다음은 진로계획을 수립하게 하는 단계이다. 진로계획은 (1) 나는 졸업할 때 어떤 모습이기를 원하는가? (2) 진로를 위한 준비로는 무엇을 해야 하는가? (3) 내가 대학생활을 통해서 얻고 싶은 것은 무엇인가? 라는 주제에 대한 일종의 마스터 플랜을 만들어보는 것이다. 이는 대략 20년 후 자신이 살고 있기 원하는 삶의 모습을 생각해보게 한 후 그러한 모습에 이르는 경로를 그려보게 하는 것으로 시작할 수 있다. 진로계획 수립 과정은 학생이 자신의 삶을 중장기적 관점으로 바라보고 그와의 연결 속에서 대학생활의 의미를 생각하게 할 수 있는 기회이기도 하다. 진로계획에는 중장기 생애목표, 이에 이르기 위해 대학 졸업 직후 첫번째 진출할 직업이나 분야, 대학생활에서 해야 할 공부와 활동 등의 항목이 포함되며, 작성 과정은 다음과 같이 구성할 수 있다.

- 20년 후 자신이 생각하는 바람직한 삶의 모습 그려보기
- 자신에 대한 정보와 관심 진로영역을 연결하여, 해당 진로에 진출하기 위한 개별적인 경로 작성하기
- 진로 경로의 장기목표와 단기목표를 구체화
- 목표별로 연령, 직책, 주요업무, 필요한 능력과 조건 정리
- 전공, 복수전공, 기타 필요한 역량을 성장시킬 수 있는 다양한 학내 자원과 프로그램, 그리고 성장을 위해 대학생활을 통해 하고 싶었던 활동 등을 모두 적어보기
- 위의 실행방안들을 수행하기에 적절한 시기를 선택하여 대학생활의 연도별 계획

서 작성하기

계획을 수립하면서 유의할 점은 가능한 한 구체적인 실행의 내용을 생각해 보도록 하고, 너무 많은 사항을 모두 계획안에 넣지 않도록 해야 한다는 것이다. 그리고 계획한 실행방안들에는 우선순위를 부여한다. 이는 몇가지 일들이 시간상 중복되거나 충돌할 때 무엇부터 시행할 것인지 정하여 효율을 꾀하기 위한 것이기도 하지만 학생이 자신에게 보다 더 중요한 가치가 무엇인지를 확인하는 과정으로서도 의미가 있다.

최근에는 대학별로 학생들의 진로준비와 실행에 대해 체계적인 자료를 수집하고 지원하기 위해서 계획의 기본적인 항목을 대학 시스템 내에 공통으로 기재하고 학생이 이를 업데이트 하며 관리할 수 있는 e-포트폴리오 등의 도구를 지원하기도 한다. 대학내 시스템에 학생들의 진로관련 자료를 올리면 진로지도를 하는 과정에서 학생의 상황을 손쉽게 파악하여 도움을 줄 수 있으며, 자료의 축적과 분석이 용이해진다. 그러나 사용자의 편의성과 접근성이 높은 도구를 기획하고 개발하는 것도 중요하지만 결국 이러한 진로관리 시스템의 실제 활용도를 높여야 기대한 효과를 낼 수 있다. 제대로 시스템을 활용하기 위해서는 학사지도 주요 프로그램의 과제로서 이러한 도구를 활용한 진로계획을 수립하게 하고, 계획의 검토와 지속적인 업데이트의 과정을 학생과 함께 의논하며 진행한다면 학생들의 진로지도와 자료수집을 체계적으로 할 수 있을 것이다.

네번째: 실행과 피드백

자기이해, 탐색과 정보수집, 진로계획 수립의 과정을 거치며 학생들은 막연하게 생각했거나 부족한 정보를 가지고 의사결정을 했던 진로에 대해 어떻게 접근할 지 나름의 개념을 가질 수 있다. 학사지도교수는 이러한 과정을 함께 논의하고 적절한 정보를 제공함으로써 학생이 구체적인 목적지를 찾을 수 있도록 교육한다. 이 과정을 통해 진로 자체가 곧바로 명료해지지는 않는다 하더라도, 진로와 이에 이르는 과정이 다양한 경로를 가질 수 있다는 점도 이해할 수 있게 된다.

진로탐색 과정의 마지막 단계이자 다시 새로운 탐색의 시작은 실행이다. 계획의 실행은 평가와 피드백으로 이어져야 하는데, 실행 과정에서 학생들은 성공과 성취를 경험하고 긍정적인 자기 상(像)을 구축하며 계획의 진행에 힘을 얻을 수도 있지만 기대에 미치지 못하거나 실패라고 생각되는 결과를 얻게 되기도 한다. 이 지점에서 학사지도교수가 평가를 함께 하면서 기대한 결과를 얻지 못한 원인을 제대로 분석하고 의미 있게 해석하도록 도울 수 있다면, 학생은 이를 다른 측면의 정보와 경험으로 전체 경험에 통합시킬 수 있다. 그리고 이러한 성공과 실패를 기반으로 하여 다시 계획을 수정하고 새로운 실행을 시작할 수 있을 것이다. 이처럼 학생들의 실행과정을 함께 지켜보며 적절한 교육으로 피드백을 준다면 많은 학생들이 겪는 모호함과 불안을 상당부분 해소하고 좀 더 장기적인 전망을 가질 수 있게 될 것이다.

어려움을 겪는 학생들을 위한 학사지도

"대학 첫 학기가 이렇게 끝나다니 나는 뭘 했나 싶다. 첫 학기는 정말 악몽이었다. 이럴 거라 예상을 했지만 너무 실망스럽다. 새로 만난 친구들, 교수님 모두 너무 능력 있고 똑똑한 것 같다. 나는 전혀 그렇지 않는데 내가 여기 왜 있는 걸까 하는 생각이 뇌리에서 떠나지 않는다. 첫 학기가 끝나 홀가분한 것도 있지만 이렇게 형편없는 성적을 받으니 너무 화가 난다."

한 학생의 학기말 자기 평가서 내용 중 일부

부모들은 공부하지 않는 자녀에게 '대학만 가면 하고 싶은 거 다 할 수 있으니 일단 대학만 합격해라'고 하며 대학과 함께 장미빛 미래가 펼쳐질 것처럼 얘기하곤 한다. 그러나 학생들은 막상 대학에 오면 녹록치 않은 현실을 발견하고 여러 종류의 어려움을 겪는다. 성적부진으로, 과도한 심리적 스트레스로, 불확실한 미래에 대한 막연한 불안감 등으로 인해 학업과 개인 생활이 엉망이 되는 경우가 종종 있다. 대학생활에 어려움을 겪는 학생들을 도와 원활하게 학업을 이어갈 수 있도록 교육하는 것도 학사지도의 역할이다. 아래에서는 대학생들의 가장 주요한 어려움인 학업에 대한 어려움을 학사지도 차원에서 어떻게 접근할 수 있는지, 그리고 최근 빠르게 증가하고 있는 심리적 어려움을 경험하고 있는 학생들을 어떻게 지도하면 좋을지 제안하였다. 덧붙여 한국 고등교육현장에서 빠르게 증가하고 있는 그룹인 외국인 학생이나 해외에서 전교육과정을 이수한 한국인 학생을 학사지도 차원에서 어떻게 도울 수 있는지 설명하였으며 마지막으로 학사지도시스템을 갖췄을 때 구현 가능한 실제 학사지도 사례를 소개하였다.

학습부진 학생을 위한 학사지도

2010년 발표된 한 연구결과에 따르면 대학 신입생들은 대학생활에서 예상되는 어려움으로 학업 문제를 가장 많이 언급하였다(금명자 외, 2010). 많은 학생들이 대학공부에 대한 준비가 되어 있지 않아 학습부진을 겪거나, 대학공부에 대한 의미를 찾지 못해 방황한다. 대학공부는 기본적으로 학습자의 의지가 요구된다. 학생이 주체적으로 배움에 대한 의지를 가지고 노력하지 않으면 일정수준 이상의 지적인 성장을 기대하기 어렵다. 그런데 대학에서는 누군가가 학생의 학습태도와 성장과정을 지켜보며 개입을 하지 않기 때문에 학업과 관련하여 문제가 심각해지기 전까지 이의 파악이 쉽지 않다. 더구나 학사경고를 받거나 성적이 저조한 것은 표면으로 드러나는 양상일 뿐 학습을 방해하는 다른 요인이 존재하는 경우도 많다. 그렇기 때문에 성적이 낮은 학생의 경우에도 학업을 등한시했기 때문에 초래된 결과라고 단순히 생각해선 안되며, 적절한 예방적 접근과 함께 학생의 문제를 파악하고 함께 해결할 조력자가 필요하다.

학사지도교수는 우선 학생이 학업에 집중할 수 없었던 요인이 무엇인지 파악하고, 이를 해소할 수 있는 방법을 학생과 함께 고민한다. 학습부진 학생의 상당수는 공부에 대해 흥미를 느끼지 못하거나 공부에 흥미를 가지려는 시도조차 하지 않은 경우가 많다. 신입생들은 입시준비 기간을 자신의 희생으로 여기고 이에 대한 보상으로 친구들과의 만남이나 사교활동에 지나치게 많은 시간을 할애하곤 한다. 또는 원하는 대학이나 학과에 합격하지 못했기 때문에 만족도가 떨어지고 학습에 대한 무관심과 새로운 환경에 대한 부적응으로 이어지는 경우도 있다. 주체적으로 시간관리를 하고 의사결정을 내리는 연습이 부족하여 학습에 충분한 시간과 관심을 투자하지 못해 학사경고로 이어지는 학생도 있고, 불확실한 미래와 뚜렷하지 않은 진로로 인해 대학 공부의 의미와 방향을 잃고 방황하는 경우도 있다. 고학년이 되었는데도 하고 싶은 일이 무엇인지도 모르겠다며 공부에서 손을 놓는 경우도 있고, 우울증이나 불안장애 등 정신적 어려움으로 인해 학업을 원활하게 감당하지 못하는 사례도 있다. 이 외에도 술이나 컴퓨터 게임 또는 성에 중독되어 어려움을 겪는 경우나 가계 사정상 아르바이트나 경제활동을 하느라 학습을 위한 충분한 시간을 확보하지 못해 성적이 낮은 경우도 있다. 그리고 원만하지 않은 교우관계로 인해 학업에 집중하지 못하는 경우도 제법 많다.

이처럼 학습부진 학생은 일반적인 경우보다 더욱 심도 있는 학사지도가 필요함에도 불구하고 적극적으로 학사지도를 요청하지 않는 경우가 대부분이며, 자신의 문제가 무엇인지 정확한 진단 없이 앞으로 그저 성실히 공부하면 성적이 향상될 것이라고 생각한다. 따라서 학사경고를 받는 등 학업성취도가 매우 낮은 학생들의 경우는 담당 지도교수와의 면담을 의무화하는 것도 효과적인 대처 방안이 될 수 있다. 학사지도교수는 우선 성적부진의 원인이 무엇인지 학생이 인지할 수 있도록 돕고, 문제의 해결을 위해 활용 가능한 전략을 학생과 함께 찾아갈 수 있다. 학사경고를 받는 대부분의 학생들은 학내에 자신의 문제와 관련하여 도움을 받을 수 있는 다양한 자원과 프로그램이 있다는 사실조차 모르는 경우가 많다. 학사지도교수는 학생의 학습부진 원인과 부족한 정보를 파악한 뒤, 대학이 운영하는 교수학습지원센터의 학습역량 강화 프로그램, 정신적 어려움이나 심리적 문제에 대한 심리상담센터 전문가의 상담, 교내의 다양한 멘토링 프로그램을 통한 동료 학생 또는 대학원생의 지도 등의 지원을 활용하도록 도울 수 있다. 또한 이러한 면담을 통해 학생이 겪는 어려움에 대해 학교가 관심을 가지고 있다는 것을 인지시키는 것이 학습 동기부여에 도움이 될 수 있다.

학습부진 학생과의 면담에서는 학생의 시간활용 습관, 학습에 임하는 태도 등 학습부진의 요인이 무엇인지 진단해볼 수 있는 자기평가설문도 유용한 도구로 활용될 수 있다. 작성된 설문은 지도교수와의 면담 자료로 활용될 수 있을 뿐만 아니라, 설문을 취합하여 학사경고를 받는 학생들이 자주 경험하는 학습 장애물이 무엇인지 파악하여 학사지도시스템 차원에서 학생을 도울 수 있는 구체적인 전략을 개발하는데 도움을 줄 수도 있다.

심리적 어려움을 겪는 학생을 위한 학사지도

최근 수년 사이 정서적 어려움을 호소하는 학생들의 비율이 급속도로 증가하고 있다. 그 중에서 특히 지속되는 우울감 또는 불안함으로 힘들어하는 학생들이 많다. '서울대학교 학생복지 현황 및 발전방안 최종보고서'에 따르면 설문에 참여한 서울대 재학생들 중에서 응답자의 46.5%가 우울증을 겪고 있는 것으로 나타났다.[25] American College Health Association의 2018년도 보고서에 따르면 응답자의 26.5%가 불안으로, 18.7%의 학생은 우울감으로, 21.8%는 수면 장애로, 33.2%는 스트레스로 학업에 영향을 받았다고 응답하였다(American College Health Association, 2018). 정말 그럴까 의구심이 들 정도로 높은 비율이지만, 학사지도 현장에서 경험하기에도 우울증이나 불안장애로 힘들어하는 학생들이 최근 몇 년 사이 정말 많이 증가한 듯 하다. 저학년 때에는 새로운 환경에 적응하기 위해 심리적 긴장 상태가 오래 가는 경우가 있고 고학년이 되면서 졸업 후 사회생활에 대한 답답함과 초조함으로 심리적 스트레스가 지속되기도 한다. 몇 년 전만 해도 정신과적 문제를 마치 주홍글씨처럼 숨기려고 하는 분위기였으나 최근에는 질병의 한 종류로 인식하고 적극적으로 치료를 받거나 도움을 요청하는 학생들이 많아지고 있다. 다행이 많은 대학에 학생상담센터와 같은 기관이 운영되고 있어서 심리적 어려움을 겪고 있는 학생들을 돕고 있다.

심리적 어려움을 겪는 학생들을 효과적으로 돕기 위해 가장 중요한 것은 학생이 문제를 문제로서 인식하고 도움을 구할 수 있도록 격려하는 것이다. 여전히 학생들과 학부모들 중에는 학생의 심리적, 정신적 어려움을 나약함이나 일시적인 증상으로 간주하고 회피하거나 무시하여 적절한 치료와 대처 시점을 놓쳐 문제를 키우는 경우가 많다. 학생에게 정신질환이 여타 신체적 질환과 마찬가지로 치료가 필요하고 회복될 수 있는 것이라고 알려주어야한다. 학생에게 상담센터를 권유하고 약속 잡는 걸 도와주거나 필요한 경

25 2019년 4월 1일자 매일경제에는 「"최고대학 들어왔지만…" 서울대생 절반 우울증세」라는 제목으로 대학생들의 정신건강에 대해서 다루었다. https://www.mk.co.kr/news/society/view/2018/11/750994/ 에서 2019년 6월 24일 인출.

우 학생과 동행해서 센터로 갈 수도 있다. 그리고 상담이 잘 진행되고 있는지 중간중간 확인하는 것도 필요하다. 학생의 상황이 위험하여 긴급하게 조치가 필요하다고 판단되는 경우 상담센터와의 유기적 협조를 통해 즉각적인 도움을 받을 수 있는 채널을 마련할 필요가 있다.

학사지도시스템과 교내 학생상담센터 또는 유관 부서와 유기적 협조가 가능하다면 심리적 어려움을 겪는 학생들을 돕기 위해 약식 정신건강설문을 실시하는 것도 생각해볼 수 있다. 고위험군 학생들을 사전에 파악하여 선제적으로 해당 학생들을 지도할 수 있으며 상황이 심각한 경우 학생의 동의하에 개별 교수와 공유하여 학생이 수업 중에 필요한 지원을 받을 수 있도록 배려해 줄 수도 있다.

외국인 학생을 위한 학사지도

"한국에 와서 가장 이해할 수 없었던 점은 서로 이별의 인사를 나눌 때 '밥 한번 먹자라'는 말을 하는 것이었다. 그래서 나는 무슨 요일에 먹을래? 이런 식으로 날짜를 정했었다. 하지만 이런 나의 행동이 상대방을 부담스럽게 한다는 것을 알게 되었다. 예의상 하는 말을 나는 진짜로 믿고 날짜를 정한 것이었다. 빈말이라는 단어도 그때 처음 배웠던 것 같다."

한 일본인 유학생의 수업 과제 중에서

교육부 통계자료에 따르면 2017년 전문대 이상의 교육기관에 재학중인 외국인 학생은 12만명 이상으로 10년 사이에 두 배로 증가하였다.[26] 외국인 학생들은 달라진 물리적 환경에 적응해야 하며 새로운 언어를 습득하면서 대학교육까지 이수해야 하는 복합적인 부담과 과제를 안고 있는 그룹이다. 새로이 경험하는 문화적 환경에 잘 적응하기 위해 유학생들은 자신의 정체성을 간직하며 새로운 문화를 익힘으로써 통합적 문화적응(Integration)을 도모하는 것이 바람직하다(Berry, 2005). 이를 위해 대학은 제도적인 뒷받침과 적절한 인적 또는 물적 자원을 제공함과 동시에 문화적으로 포용적인 대학 캠퍼스 문화를 구현하여 유학생들이 대학의 온전한 구성원으로 설 수 있도록 도움을 베풀어야 한다.

많은 외국인 학생들은 적응 초기에 새로운 환경에 대처할 수 없는 무능감을 경험하거나 자신이 친숙하고 좋아했던 것들의 부재로 인해 발생하는 상실감 등 정서적으로 여러 어려움을 경험한다. 따라서 입학 전 오리엔테이션이나 입학 초기 이들을 위해 특화된 교과 과정을 통해 문화적응 과정을 이해하고 지적으로 준비할 수 있도록 돕는 것이 중요하다. 또한 새로운 교육 환경에 대한 이해를 돕기 위해 대학 공부가 어떻게 다른지 특히 한국에서의 대학공부가 어떠한지 사전에 준비할 수 있도록 적절한 안내가 필요하다.

현재 한국의 많은 대학에서 실시하고 있는 신입생 오리엔테이션은 다수의 한국인 학생들에게 초점을 두고 있다. 상이한 문화적 배경을 가진 외국인 학생들은 소외되거나 한국인 학생처럼 행동할 것을 강요 받는다. 특히 우렁찬

26 E-나라지표 (2018.09.19). 유학생 현황. http://www.index.go.kr/potal/main/EachDtlPageDetail.do?idx_cd=1534에서 2019년 6월 18일 인출.

구호를 위치며 자기를 소개하는 대학의 'FM'이나 친밀감을 표시하기 위해 술잔을 돌리는 한국의 음주 문화 등은 외국인 학생들이 호소하는 어려움 중 대표적인 케이스이다(김현상, 2012). 이런 맥락에서 외국인 학생들을 위한 특화된 오리엔테이션이 입학 전에 제공된다면 한국문화에 익숙하지 않은 학생들에게 큰 도움이 될 수 있다. 외국인 학생들을 위한 특화된 오리엔테이션에 대한 추가 정보는 이 책의 제5장 학사지도 고효과 프로그램과 도구들에 실렸다.

외국인 학생들을 위해 특화된 교과목 또한 외국인 학생들 학사지도에 있어서 유용한 채널로 활용될 수 있다. 교과목은 학기 중 정기적으로 진행되는 것이기 때문에 외국인 학생의 적응 과정에 따라 시의적절한 지도와 아울러 학생들이 생활 속에서 경험하는 다양한 문화적 도전을 이해하는 데에 도움을 줄 수 있다. 최근 많은 대학들이 교과목을 개설하여 한국에서 대학생활을 시작하는 외국인 유학생들과 전 교육과정을 해외에서 이수한 한국 학생들이 한국의 의사소통 방식을 이해하고 이를 바탕으로 대학의 구성원으로 순조롭게 적응할 수 있도록 하는 것은 고무적인 일이다.

이러한 교과목의 또 다른 장점은 수업을 통해 유사한 상황을 겪는 다른 외국인 학생 또는 문화적으로 공유하는 부분이 많은 학생들을 만나 정서적 고립감을 해소하는데 도움을 줄 수 있다는 것이다. 그리고 수업 중에 다양한 참여활동을 병행하게 한다면 유학 온 대학교에 대한 소속감을 높이고 대학사회에 보다 빨리 적응하는 데 도움이 된다.

한국인이지만 외국에서 더 많은 시간을 보내고 교육을 받은 전 교육과정

해외이수자 학생들은 성장경험과 문화적 배경이 상이하기 때문에 외국인과는 또 다른 차원에서 어려움을 경험한다. 이 그룹의 학생들은 한국을 외국 같지 않은 외국이라고 표현하고 한국인인 듯 한국인 아닌 한국인이라고 스스로의 정체성을 설명한다. 혹시 어눌한 한국어로 인해 차별을 받지나 않을지, 한국인이면서 외국인인 척 하는 걸로 오해를 사지나 않을지, 확인되지 않은 불안감을 안고 대학생활을 시작하기도 한다. 여러 면에서 외국인 학생들과 비슷한 어려움을 겪지만 한국인처럼 행동할 것을 강요 받거나 한국인이라는 이유로 교내 각종지원에서 제외되는 경우도 발생한다. 일상생활에서 한국어를 사용하는 것에는 대체로 어려움이 없는 경우가 많으나, 체계적으로 한국어 글쓰기와 읽기를 교육 받은 적이 없기 때문에 대학공부를 시작하면서 어려움을 겪는다. 특히 수업시간에 발표를 한다거나 글로 표현하는 능력이 떨어져 다 아는 내용임에도 제대로 표현할 수가 없어서 의기소침해지거나 열등감을 느끼기도 한다.

앞서 제시되었던 외국인 학생들을 위한 교과 과정이나 프로그램이 이 학생들에게도 유용할 수 있다. 또한, 이들에게 한국이 아닌 다른 곳에서 생활하면서 터득한 다양한 성장 경험이 자신에게 큰 자산이 될 수 있음을 인지할 수 있도록 도와줄 수 있다. 자신의 고유한 경험과 지식이 주변 학우들에게, 그리고 더 나아가 소속된 교육공동체에 기여할 수 있는 바가 분명히 있으며 중요한 자산임을 알려줄 필요가 있다.

어려움을 겪는 학생의 조기 발견과 지도: 조기경보시스템

위기 상황에 처한 학생들을 돕는 적절한 방법은 조기에 위험 신호를 포착하고 개입하는 것이다. 학생이 어려움에 봉착하기 전에 예방적 차원에서 지도교수가 개입할 수 있으며 이를 통해 학생의 상황을 점검하고 학사지도시스템 내에서 또는 교내의 기관과 연계하여 도움을 줄 수 있기 때문이다. 조기경보시스템(Early Alert System)은 약 90% 이상의 미국의 고등교육기관이 활용하는 제도로 교수와 학사지도교수그룹의 유기적 업무 협조가 가능하다면 고위험군 학생들을 가장 시의적절하게 도와줄 수 있는 전략이다 (Noel-Levitz, 2013).

대학생활에 어려움을 겪는 학생들은 수업에 오지 않거나 결석이 잦고, 수업에 오더라도 강의에 집중하지 못할 가능성이 높다. 그리고 각종 과제나 시험을 제대로 준비하지 못하거나 기한에 맞춰 제출하지 못하는 경우가 잦다. 이런 학생을 파악하게 되면 교수가 학사지도센터에 해당 학생의 정보와 함께 조기경보를 울리고 해당 학생의 담당 학사지도교수는 학생과 연락하여 면담을 통해 학사지도를 진행하게 된다.

예방적 차원에서 진행되는 것이 중요하기 때문에 개강 후 4~6주차 사이에 진행되는 것이 적절하다. 이 시점을 놓치게 되면 중간고사기간이 되고 그 이후에는 이미 문제가 상당히 진행된 경우일 수 있다. 따라서 개강 이후 4주가 지났을 즈음 단과대학의 학장이나 부학장이 단과대학 차원에서 교수들의 협조를 요청하여 교수들의 참여를 높일 필요가 있다.

제4장

더 나은 학사지도를 위한 자료수집과 평가는 어떻게 하는가?

학사지도를 위한 피드백 자료유형 및 수집방법

학사지도의 교육적 성과에 대한 평가 모형

학사지도시스템은 주기적인 자료수집과 분석을 통해 대학의 미션과 목표, 학생의 배움과 발달이 어느 정도로 달성되었는지 평가해야 한다. 이 평가의 결과는 학사지도의 질을 향상시키고 학사지도교수의 역할을 인정하는 데에 활용되어야 한다.

– 13. Assessment and Evaluation, Academic Advising Program: CAS Standards and Guidelines 에서 발췌 –

학사지도의 교육적 성과가 제대로 도출되고 있는지 평가하는 과정은 학사지도시스템의 지속과 발전을 위해 필수적이다. 학사지도는 대학교육에 있어서 중요한 교육활동의 하나이다. 교육활동에 대한 평가는 교육활동의 개선과 관련한 정보를 얻어내고 교육활동의 지속여부를 결정하며, 그 활동을 주관하는 부서가 전체 교육기관의 목적과 목표에 기여하는 바를 보여줌으로써 궁극적으로 해당 교육활동의 타당성을 입증하고 정당화하는 과정이다(Kirkpatrick, 1994). 그리고, 학사지도의 교육적 성과에 대한 평가는 학사지도교수에게는 더 나은 학사지도를 위한 피드백 자료로서도 필수적이다. 학사지도교수는 담당하고 있는 학생들이 대학생활과 대학공부에 잘 적응하고 있는지, 자신에게 맞는 학업계획을 수립하고 실행하는지, 진로준비는 제대로 수행하고 있는지, 학사지도와 대학 교육 프로그램을 통해 학생들이 얼마나 성장을 했는지, 대학교육과 학사지도에 대한 학생들의 만족도나 요구사항은 무엇인지, 대학생활에서 겪는 어려움 등은 무엇인지 등 학사지도 관련 사항들의 다각적, 체계적인 자료를 수집하고, 이들을 학사사지도에 적극 활용해야 한다.

본 장은 크게 두 부분으로 구성되었다. 첫 부분에서는 더 나은 학사지도를 위한 피드백 자료의 유형과 그에 대한 수집방법을 자세히 다루었고, 두번째 부분에서는 어떻게 학사지도의 교육적 성과를 평가하고, 학사지도를 위해 수집된 피드백 자료들을 어떻게 활용할 수 있는가에 대해서 다루었다.

학사지도를 위한 피드백 자료유형 및 수집방법

자료의 수집방법은 크게 학사지도시스템을 통한 정기적인 자료 수집과 개별적인 학사지도 상황에서의 자료수집이라는 두 가지 범주로 나누어 살펴볼 수 있다.

학사지도시스템을 통한 정기적인 자료 수집

학사지도시스템을 통해 수집되는 대표적인 자료는 전체 학생 대상 학생 실태 정기 설문 자료, 학생특성 기초 자료, 학사지도 면담 자료, 학사지도 특별프로그램 만족도 설문 자료, 1학년세미나 강의평가 자료들이다. 이러한 자료들은 매년 동일한 형태의 자료로 수집하고 누적할 수 있기 때문에 종단 연구와 분석자료로서 활용된다. 매년 변화되는 학생들의 특성과 학사지도 교육목표 달성 수준에 대한 분석결과는 향후 학사지도 개선이나 대학의 정책 수립에 중요한 기초자료로 활용될 수 있으며, 이는 학사지도를 시스템으로 구현했을 때 누릴 수 있는 큰 강점 중 하나이다. 각 자료별로 자료수집의 목적과 활용 가능성에 있어서는 약간의 차이가 있는데, 이를 구체적으로 살펴보면 다음과 같다.

학생실태 정기 설문 자료

정기적으로 일정한 시기에 학생 실태를 조사함으로써 학생 특성의 파악과 시점별 비교 분석이 가능하게 된다. 이를 위해 전체 신입생을 대상으로 대학생활에 거는 기대, 대학교육에 대한 인식수준, 학생의 학업역량수준 등에 관한 설문을 실시할 수 있다. 이러한 설문을 대학교육을 받기 직전과 대학교육을 마친 후에 시행하여 대학에서 학생들이 받은 교육과 경험의 효과를 측정할 수 있다. 대학생의 교육경험 및 실태에 관한 대표적인 설문으로는 미국의 National Survey of Student Engagement (NSSE), College Student Experiences Questionnaire (CSEQ), 호주의 Course Experience Questionnaire (CEQ), 영국의 National Student Survey (NSS) 등이 꼽힌다. 이러한 설문들은 대학의 교수-학습 양상과 질을 실증적으로 진단하고, 대학이 제공하는 교육과정과 프로그램이 학생의 성공적인 대학생활 및 학습경험에 얼마나 도움이 되는지 보여주는 정보를 제공한다. 특히 미국 인디애나대학이 개발한 NSSE 모델은 2000년 이후 북미지역의 약 1,500여개 대학이 활용하고 있다(배상훈 외, 2015). 국내에서도 NSSE를 기반으로 한 K-NSSE가 개발[27] 되어 현재 점차 많은 대학에서 학생들의 역량향상과 교육의 성과를 측정하는 데에 활용하고 있으며 확산되는 추세이다.

필자가 재직하는 대학에서도 1학년 학사지도를 담당하는 학사지도교수들이 신입생에 대한 입학시의 설문과 1학년을 마치고 2학년 진학하는 시기에 교육의 효과와 역량 향상, 1학년 경험, 학생들의 대학 선택 요인 등의 문항을 포함한 설문을 맡아 시행한다. 입학과 동시에 시행하는 설문의 경우 학교 수

27 배상훈 외(2015) 연구에서 대학생 학습참여 진단도구(K-NSSE)의 용도는 우리나라에서 대학생들이 어떠한 학습경험을 하고 있고, 교수들의 교수 활동은 효과적인지, 그리고 대학은 학생들이 성공적인 학습과정과 대학생활을 경험하도록 제대로 지원하고 있는지를 객관적이고 실증적으로 진단 및 분석을 하고, 그 결과를 활용하여 대학교육의 질 제고를 위한 제도 및 프로그램을 만드는데 있다고 밝힘.

강신청과 연동하여 응답율을 높이고 있으며, 대학생활의 주요 영역, 즉 학업, 인간관계, 과외활동, 대학에서의 기타 자원과 기회, 성인으로서의 독립 등에 대한 기대수준, 비판적 사고, 가치관, 학업관련 역량, 사회적 관계역량 등 학생 개인의 핵심역량에 대한 자가평가, 고교교육과정 등에 대한 내용을 묻는다.

학생 특성 기초자료

어떤 학생들은 대학생활에 잘 적응하고 학업성취도가 높은 반면 어떤 학생들은 학업에서 더 많은 어려움에 부딪히고, 인간관계에서도 힘들어 하며 대학 과정에서 필요한 과업을 제대로 수행하지 못하곤 한다. 그렇다면 학생들이 가진 어떠한 특성들이 대학생활 적응 및 학업성취도 등과 관련이 있는 것인지, 그리고 그러한 특성이 대학생활과 학업에 미치는 영향이 어느 정도인지 파악할 필요가 있을 것이다. 이처럼 학생들의 특성을 구분하고 이들에 대해 적절한 학사지도 프로그램과 지도 방안을 마련하는 것 또한 학사지도 시스템의 중요한 기능이다.

그동안 여러 연구(이재열, 2018; 권은정, 2019)[28]와 경험적 분석을 통해 학과, 성별, 입학전형, 고교 교육과정 등 학생들의 특성에 대한 자료와 대학생활, 그리고 학업성취도를 살펴보았을 때, 특히 고등학교에서 어떤 교육과정을 거쳤는지, 입학 유형이 무엇인지, 그리고 학생의 사회경제적 상황 등이 어떠한

---

28 대학생활적응도에 미치는 입학전형의 영향을 살펴본 결과, 학업성취도 변화에 영향을 미치는 독립변수를 성별, 내신등급, 수능등급, 월평균 가구소득, 보호자의 지원, 대학설립유형, 학습활동, 수업참여, 비교과활동 참여, 교수님과의 교류, 선후배와의 교류 요인등으로 분석하였다.

지 등이 대학생활 적응과 학업성취도 측면에 연관이 많다는 것은 알려진 사실일 것이다. 그러나 대학별로 운영하는 다양한 입학전형의 구성이 세부적으로 다르고 학생 개별 특성에 있어서 차이가 있는 만큼, 대학별로 이를 지속적으로 추적하여 다른 요인들과 결합되었을 때 어떤 차이가 발생하는 지를 파악할 필요가 있을 것이다.

학사지도 면담자료

대학 학사포탈시스템과 학사지도 면담예약 시스템을 연동한다면 학사지도교수가 학생들과 진행한 면담의 목적, 면담 형태, 면담 횟수등의 면담 관련 자료 축적이 가능하다. 최근 면담 형태를 살펴보면 학생들이 이메일과 SNS를 활용하는 경우가 점차 많아지는 등, 전체적으로 온라인 면담의 비중이 해마다 조금씩 높아지고 있다. 그리고 학년별로 면담을 하는 이유도 각각 다르게 나타나는데, 신입생들이 주로 수강신청과 전반적인 학업계획, 대학생활 적응과 관련한 주제로 면담을 한다면 2학년 이상의 학생들은 전공별 구체 학업계획과 진로선택에 대한 면담 비중이 높아지는 것으로 나타난다. 또한 예전에는 별도의 사전 약속이 없이 생각날 때 학사지도교수의 사무실을 두드리고 방문하는 경우도 많이 있었지만 학사지도시스템이 정착될수록 예약을 통해 미리 시간을 잡고 면담을 하는 예약면담의 비중이 높아지는 것으로 나타났다. 또한, 학생들의 전공이나 단과대학별로도 면담목적 순위에 차이가 있는데, 이를테면 인문사회계열쪽 저학년 학생들은 교환학생 제도에 대한 문의가 높은 순위인데 비해 이공계열 학생들은 대학원 진학이나 학부연구생과 관련한 문의 비중이 상대적으로 많다.

이러한 결과들을 통해 학생 입장에서 학년별, 전공별로 어떤 정보를 가장 필요로 하는지, 학생 특성별로도 어떤 내용의 면담을 많이 하게 되는지 등의 요구를 파악할 수 있으며, 분석 결과를 학사지도 관련 자료의 제작에 반영하고 이를 통해 학사지도의 효과를 높일 수 있다.

학사지도 관련 프로그램의 만족도 설문자료

학사지도시스템을 통한 교육은 개별 면담을 통한 학사지도 외에도 입학 전 오리엔테이션, 진로탐색을 위한 전문가 간담회와 워크샵, 학내 공모전 등 다양한 형태의 교육 프로그램으로도 구현된다. 이러한 각각의 프로그램별 운영 성과에 관련된 설문을 실시하여 프로그램에 대한 만족도와 개선사항을 수집할 수 있으며, 여기에서 수집된 자료를 분석하여 실제 학생들이 원하는 주제가 제대로 다뤄졌는지, 주어진 정보는 충분했는지, 향후 필요한 주제는 무엇인지 등에 대한 학생 의견을 확인할 수 있고 이러한 결과를 실제 프로그램 운영상에 반영하게 된다.

1학년세미나 강의평가 자료

1학년세미나의 목적과 형태는 다양하지만, 이 책에서 언급하는 것은 학사지도의 주요 채널로서 운영되는 1학년세미나이다. 1학년세미나가 교과목으로 개설된 경우 강의평가의 형식으로 평가와 학생의견 수집이 가능한데, 교과목의 성격이 일반 교과목과는 다르기 때문에, 평가 문항을 조정하거나 주관식 항목을 추가하는 것도 가능할 것이다. 1학년세미나 강의평가를 통해 학사지도교수들은 목표했던 교육효과의 달성 여부를 측정하고, 이를 더 나은 학사지도를 위한 1학년세미나 교과목 개발 기초 자료로 활용할 수 있다.

개별적인 학사지도 상황에서의 자료 수집

학사지도 상황에서 수집된 많은 학생 면담 사례들은 정성적 분석을 통해서 활용이 가능하다. 세미나나 회의를 통해서 학생면담 사례를 공유하고, 사례별 학생요구를 파악하여 개별 사례 대응에 대한 평가 및 이의 개선과 관련한 내용을 누적하고, 이를 향후에 발전적으로 적용할 수 있도록 축적하는 것이다. 이러한 과정 속에서 학사지도교수의 전문역량을 신장하고, 궁극적으로 학사지도의 교육적 효과를 높일 수 있다.

개별 학사지도는 개인적인 문제상황을 파악하고 이를 지원하는 방안을 모색하게 되는 가장 중요한 경로이다. 특히 대면 면담은 학생들의 요구를 파악하는 것이 직접적인 목적은 아닐수 있으나, 면담 과정에서 대학생활 적응과 관련한 질문과 의논, 조언 등을 하며 학생들의 요구와 필요를 수집하는 경로가 된다. 면담은 보다 친밀하고 편안한 환경에서 진행되기 때문에, 학생들도 부담을 덜고 자신들의 의사를 표시할 수 있어서 다양한 층위의 학사지도나 대학정책에 관한 의견을 모으게 되는 효과를 얻게 되기도 한다. 이러한 면담 과정에서 대학의 제도 등을 활용하다가 어려웠던 점, 불편했던 사항, 또는 관련한 정보에서 배제되는 경험 등을 발견하게 되기도 하고, 경우에 따라서는 학사지도교수가 이러한 영역에 대해 목적을 가지고 정보를 수집하기도 한다.

학사지도의 교육적 성과에 대한 평가 모형

학사지도의 교육 성과를 평가하는 모형에는 여러 종류가 있겠으나, 우선 평가의 범위가 학사지도 전 과정을 평가의 대상으로 삼는지 또는 학사지도의 교육적 결과만을 평가의 대상으로 삼는지에 따라서 과정지향적 모형[29]과 성과지향적 모형[30]으로 구분할 수 있다. 각각의 모형들은 나름의 특징과 장단점을 내포하고 있기 때문에 학사지도의 교육적 특징, 학사지도를 제공하는 기관이나 조직의 성격, 학사지도 성과 등을 고려해서 적절한 평가모형을 도입할 필요가 있다.

여기에서 학사지도의 교육적 성과에 대한 평가 모형으로 IPO(Input-Process-Output)모형을 제안하고자 한다. IPO모형은 과정지향적 평가 모형의 한 종류로서, 교육활동의 전체 과정을 평가하기 위해서 교육활동을 투입(Input), 과정(Process), 결과(Output), 그리고 성과(Outcome)로 범주화하고 각 단계에 따라서 총체적인 평가를 한다(Bushnell, 1990). IPO모형은 다른 모형들에 비해 교육의 과정을 강조할 뿐만 아니라 모형이 간결하여 실제에 적용하는 것이 수월하다는 특징이 있기 때문에 학사지도의 교육적 성과에 대한 평가 모형으로서 가장 적절하다고 볼 수 있다. IPO 모형 기반 학사지도 효과성 평가 모형을 도식화하면 아래와 같다.

---

29 과정지향적 모형의 대표적인 평가모형은 IPO모형, CIPP모형, CIRO모형등이 있음

30 성과지향적 모형의 대표적인 평가모형으로는 Kirkpatrick 4단계 모형과 Phillips 5단계 모형 등이 있음

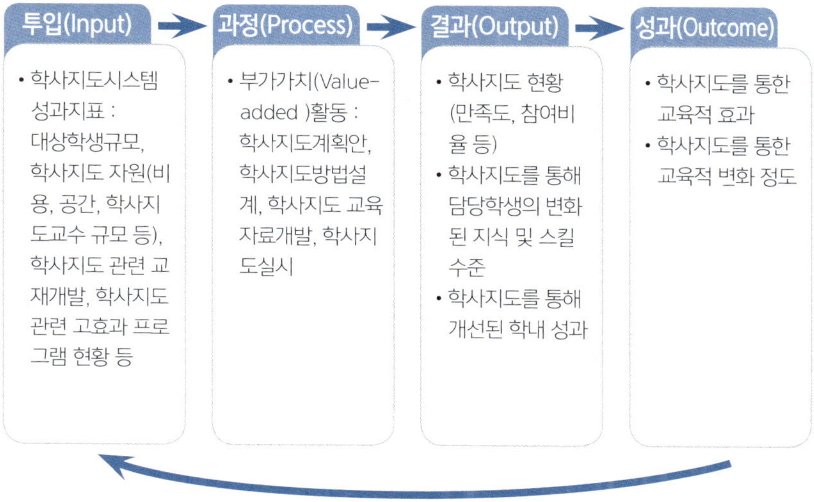

[그림 6] IPO평가모형을 적용한 학사지도시스템 평가

1단계 – 투입(Input)

학사지도의 교육적 성과에 대한 평가의 첫단계는 투입(Input) 단계이다. 이 단계에서는 학사지도라는 교육활동의 총체적인 효과성에 기여할 수 있는 요소들을 구체화하고, 이에 대한 평가를 실시한다. 학사지도를 구성하는 요소들은 크게 학사지도교수의 역량, 학사지도를 지원하는 시스템, 그리고 기타로 구분되며, 평가는 각각의 영역에 대해서 실시된다.

각 평가요소별로 구체적인 평가내용을 살펴보면, 먼저 학사지도교수의 역량요소에서는 학사지도를 담당하는 학사지도교수가 그 역할을 수행함에 있어서 반드시 필요한 역량과 전문적 지식, 대인관계, 인성을 균형있게 잘 갖추었는지 평가한다. 둘째, 학사지도를 지원하는 시스템 요소에서는 학사지도를 지원하는 조직과 제도가 대학 특성을 고려하여 잘 갖추어져 있는지 여부를 평가한다. 마지막으로 기타 요소에서는 학사지도를 실시하는 환경(공간, 위치)등에 대해 평가한다. 각각의 평가요소별 평가방법에 대한 내용은 아래 표에 정리하였다.

<표7> 투입 단계에서의 평가요소와 평가자료

평가요소	평가 자료
학사지도교수의 역량: 전문적 지식 대인관계, 인성	자기평가 동료평가 담당학생들의 만족도 평가
학사지도를 지원하는 시스템 : 학사지도를 지원하는 조직과 제도	조직체계 정보 학사지도 제도관련 정보
기타 : 학사지도를 실시하는 환경(공간이나 위치)	학사지도를 위한 공간 정보 학사지도 환경 개선을 위한 계획 관련 정보

2단계 – 과정(Process)

두번째 단계는 과정(Process) 단계로서, 학사지도의 교육적 목적, 학사지도 방법, 학사지도를 위한 교재개발 및 활용 등에 대한 평가를 실시한다. 이 단계에서는 학사지도를 통한 교육적 효과를 얻기 위해서 학사지도교수가 적절한 학사지도방법을 활용하고 있는지, 대학의 특성을 고려한 적절한 학사지도 방법을 도입했는지, 학사지도를 위해서 적절한 교재를 개발하고 개발된 교재를 적절하게 활용하고 있는지 등에 대한 평가를 실시한다.

이 단계에서는 전문가 평가를 통한 평가를 수행한다. 학사지도에 관한 전문가는 학사지도 차원의 교육목적 수립 적합성, 적절한 학사지도 교육방법의 활용정도, 적절한 학사지도 교재개발 및 활용정도에 대해 종합적이고 체계적으로 평가한다. 종종 평가 내용의 타당성, 신뢰성, 객관성등을 높이기 위해서 정량적 접근으로 5점 척도 등의 평가지를 개발해서 세부 항목을 평가를 활용하기도 한다. 각각의 평가요소별 평가자료에 대한 내용은 아래 표에 정리하였다.

<표8> 과정 단계에서의 평가요소와 평가방법

평가요소	평가자료
학사지도를 통한 적절한 교육목적을 수립했는가?	학사지도 수업계획서
적절한 학사지도 교육방법을 활용하고 있는가?	학사지도 매뉴얼
학사지도를 위한 적절한 자료 개발 및 활용은 어떠한가?	학사지도 교재 및 자료 등

3단계 – 결과(Output)

세번째 단계는 결과(Output) 단계이다. 학사지도의 단기적인 교육 효과에 초점을 두고 평가를 하는 단계로서 대상학생의 학사지도에 대한 만족도, 학사지도를 통해서 신장된 교육적 지식 및 스킬, 학사지도를 통해서 개선된 교육적 성과 등에 대한 평가를 실시한다. 다시 말하면, 학사지도 직무수행과 결과에 대한 구체적인 내용을 평가하는 것이다. 실제 학사지도교수에 대한 평가를 위해서 다음과 같은 자료들을 수집할 수 있다.

- 학사지도 및 학사지도교수에 대한 학생 만족도 설문 조사
- 학사지도교수가 직접 작성한 업적 평가 보고서
- 학생 면담 실시 현황(연간 평균 면담비율, 학생 1명당 평균 면담 횟수 등)

위의 자료들을 활용하여 학사지도의 직무수행 결과를 분석하고 이를 기반으로 평가를 실시할 수 있다. 결과 단계에서 각각의 평가요소별 평가방법에 대한 내용은 아래 표에 정리하였다.

<표9> 결과 단계에서의 평가요소와 평가자료

평가요소	평가자료
학사지드를 받은 학생들의 만족도는 어떠한가?	학생 만족도 설문 결과
학사지도를 통해서 학생들은 구체적인 교육적 지식이나 역량이 향상되었는가?	학생 자기 평가 학생성공(Student Success) 관련 자료[31]
실제 학사지도는 양적/질적으로 어떻게 수행되었는가?	연간 평균 면담비율 학생 1명당 평균 면담 횟수

31 학생성공(Student Success)의 내용에는 학업적 성취, 의미 있는 교육 활동에의 참여, 대학생활 만족도, 지식과 역량의 습득 등이 포함될 수 있다.

4단계 – 성과(Outcome)

성과(Outcome)단계에서는 학사지도가 대학조직에 미친 장기적인 효과에 대해 평가한다. 평가요소로는 학사지도에 대한 학생만족도, 학사지도를 통한 교육적 효과, 학사지도를 통한 교육적 변화의 정도 등이 해당된다. 이는 학사지도를 통해서 얻고자 하는 교육적 성과를 성취했는지 여부를 평가하는 단계로서, 이전단계에서 파악된 결과를 바탕으로 종합적인 성과에 대한 평가를 수행하는 것이다.

성과단계에서 살펴보아야 할 내용은 대학별로 학사지도를 통해서 얻고자 하는 교육 효과가 무엇인지에 따라 다를 수 있지만, 일반적으로 살펴볼 수 있는 내용은 아래와 같다.

- 학사지도교수는 목표했던 담당학생에 대한 교육적 지원을 수행했는가?
- 학생들은 학사지도를 통해서 성공적인 대학생활 적응에 필요한 역량을 신장했는가?
- 학사지도를 통해서 대학생들의 진로성숙도가 함양되었는가?
- 어려움을 겪고 있는 학생들은 학사지도를 통해서 어려움을 극복할 수 있었는가?

성과단계에서는 대학 차원에서 학사지도를 통해 궁극적으로 성취하려는 목표에 대한 달성 여부를 평가하는 것이 주된 목적이며, 이 결과를 기반으로 기존의 학사지도시스템이 더 나은 방향으로 발전할 수 있도록 피드백을 수합하고, 이를 학사지도시스템에 적극 반영할 수 있어야 할 것이다.

평가모형 활용시 유의점

학사지도라는 교육 활동에 대한 평가는 전문 학사지도시스템의 유지 및 발전, 학사지도교수의 역량개발 촉진 및 지원체제 구축, 학사지도를 통한 대학교육 발전에의 기여 라는 주요 목표의 달성에 직간접적으로 영향을 미친다. 학사지도의 교육적 성과에 대한 평가 결과를 통해 학사지도 내용과 그 효과를 지속적으로 모니터링할 수 있으며, 또한 이 결과를 대학내 교수자들, 기관장, 그리고 관련 행정부서와 공유함으로써 전문 학사지도시스템의 유지와 발전을 위한 피드백을 제공할 수 있다.

하지만 학사지도의 교육적 효과 평가 결과를 활용하는 데에 있어서 반드시 유의해야 할 사항이 있다. 먼저 평가모형의 목적 설정과 평가 결과의 활용은 반드시 학사지도의 전문성을 제고하는 정보나 도구로 사용되어야 된다. 둘째, 평가의 과정은 구성원들의 자발적 참여로 이루어져야 한다. 구성원들이 공감하지 못하는 평가 내용이나 방법은 의도하지 않은 역효과나 부작용을 가져올 수 있기 때문이다. 셋째, 평가의 목적과 결과 활용을 구성원에게 책임을 묻기 위한 도구 위주로 사용하는 운영방식을 탈피해야 한다. 넷째, 평가결과와 보상 체계 사이를 유기적으로 연계시키는 유인체계를 적절히 마련해야 하며, 평가결과 활용을 위한 실질적인 제도의 마련이 뒷받침되어야 한다.

제5장

학사지도의 고효과 프로그램과 도구들

1학년세미나

진로개발 프로그램

학사지도 수업계획서

대학생활정보집

외국인 학생을 위한 입학 전 프로그램

학습공동체

많은 대학에서 고효과 프로그램이 학생들의 학습에 어떻게 기여하는지 평가한 결과, 이곳에 언급된 고효과 프로그램은 학생의 재학율과 학생의 대학교육에 대한 참여를 향상시키는 것으로 나타났다.

-Association of American Colleges & Universities (http://www.aacu.org/leap/hips)-

최근 대학 교육과 관련하여 학생성공(Student Success) 개념과 이의 실현에 대한 관심이 높아지고 있으며 이와 관련된 논의가 활발히 진행중이다. 학생성공의 내용에는 학업적 성취, 교육적으로 의미있는 활동에의 참여, 대학생활에 대한 만족, 원하는 지식과 역량의 습득, 다양한 교육적 목적의 달성 등이 포함될 수 있다. 대학생의 성공과 관련하여 학생의 배움을 증진하고 재학율을 향상시키고 교육 효과가 높게 나타나는 교육관련 프로그램이나 활동들을 고효과 프로그램(High Impact Practices)으로 지칭하며 특히 주목하고 있다(Kuh, 2018).

고효과 프로그램 또는 교육활동으로는 1학년세미나, 학습공동체, 집중 글쓰기 교실, 협업 과제와 프로젝트, 다양성과 글로벌 학습, 지역사회기반학습, 인턴십과 현장학습, e포트폴리오 등이 자주 거론되는데, 이러한 고효과 프로그램들은 유의미한 학습을 위해 교우 및 교수와의 상호작용을 활성화하고, 교실 밖의 풍부한 학습 자원을 활용하며, 학습에 적극적으로 참여하여 많은 시간과 노력을 투자하게 하는 특징을 가지고 있다(홍지인, 2017).

이러한 고효과 프로그램이 기대하는 교육효과를 내기 위해서는 그 실행 방안을 적절히 마련해야 하는데, 이러한 실행을 통해 우선 학생성공에 무엇이 작용하고 있는지를 측정해야 하고, 제대로 작동하는 요소들에 집중하여야 할 것이다. 그리고 학생성공의 차이를 만드는 요인에 집중해야 하는데, 특히 얼마나 보다는 어디에 자원을 투여할지가 더 중요하다고 여겨진다. 그리고 효과가 떨어진다고 평가되는 프로그램은 일몰제를 적용하여 선택과 집중을 하며, 모든 1학년 학생들이 적어도 하나의 고효과 프로그램에 참여하도록 유도할 필요가 있다(Kuh, 2018). 이 장에서는 특히 학사지도 관점에서 기획하고 구현할 수 있는 고효과 프로그램과 학사지도 현장에서 활용 가능하며 유용한 도구들을 사례와 함께 소개하고자 한다.

1학년세미나

개요

1학년세미나(First Year Seminar)는 여러 측면에서 매우 중요한 학사지도의 채널이다. 신입생들에게 대학 입학은 생애의 전환기적 상황으로서, 중고교 교육과 대학교육 시스템의 차이, 학습방법과 생활여건의 변화, 아직은 미성숙한 가치관, 자기이해의 부족 등으로 다양한 어려움을 겪는다. 대학생들이 고등학교-대학으로의 성공적 전이를 할 수 있도록 돕는 체계적인 교육의 필요성이 인정되면서, 이러한 교육의 효과적인 방안으로 1학년세미나가 도입되었다.

미국에서는 대학교육이 대중화되기 시작한 1970년대 이후 '1세대 대학생(First Generation Students)'에 대한 관심의 증대가 1학년세미나가 본격적으로 확산된 계기였다(이지영, 2005). 1학년세미나가 대학이라는 교육환경이 생소했던 학생들의 성공적인 적응과 대학사회에 대한 소속감을 형성하는 데 중요한 역할을 하는 것으로 받아들여지면서, 현재는 1학년 교육경험(First Year Experience)에서의 독립된 핵심 주제로 다뤄지고 있다. 국내에서는 2000년대 들어서 대학에서의 수요자 중심 교육 관점이 도입되고 기존의 전공과 교양교육 외에 학생들에게 대학생활 적응과 대학공부에 대한 태도형성, 전공과 진로를 연결시켜 대학생활을 스스로 계획하고 조직화할 수 있도록 교육하는 컨텐츠에 대한 고민이 대두되었다. 이 과정에서 친밀하고 자유로운 분위기에서 교수와 만날 수 있는 장으로서의 1학년세미나가 효과적인 교육방식으로 수용되어 운영되기 시작했다고 볼 수 있다.

개별주제 1학년세미나

- 다양한 주제, 학술형 / 전공기반 세미나
- 강의자가 관심 있는 자유 주제 선정
- 연구와 논의를 통해 1학년세미나의 목적 달성
- 강의자 개인의 역량과 관심이 세미나 운영에 매우 큰 영향
- 국내에 먼저 도입된 1학년세미나 형태

구조화된 1학년세미나

- 교육기관 차원에서 필요하다고 인정된 주제들로 전체 공통 프로그램 디자인
- 확장된 오리엔테이션, 공통교양주제 세미나, 학습기술 세미나 포함
- 학생수가 많은 큰 규모 주립대학 / 1학년 교육 전담기관이 설치된 대학
- 학사지도 전문가가 운영 주도
- 최근 국내에서도 확대추이

1학년세미나는 운영되는 방식과 목적에 따라서 교수자 개인이 주제를 채택하여 운영하는 '개별주제 1학년세미나'와 교육을 담당하는 기관차원에서 학생들에게 교육적으로 필요하다고 인정된 주제들을 사전 논의 및 조율하여 운영하는 '구조화된 1학년세미나' 로 구분한다(이원경 외, 2008).

미국의 경우 주로 학생수가 많은 큰 규모의 주립대학 등에서 학사지도 전문가에 의해 구조화된 1학년세미나를 운영하는 경우가 많으며, 1학년 교육을 전담하는 기관이 있는 대학에서 구조화된 1학년세미나를 운영하기에 용이하다.[32]

---

32 이러한 1학년세미나의 확산과 발전에는 미국 사우스캐롤라이나 주립대가 주축이 되어 설립한 The National Resource Center for the First-Year Experience and Students in Transition 이 많은 역할을 하고 있는데, 이곳을 중심으로 1학년세미나에 대한 전국자료를 수집하여 그 효과와 실행 등이 분석되고 있다. 국내에서는 이와 유사한 목적으로 구조화된 1학년세미나 교과목을 마련하고, 전교생이 졸업요건을 의무적으로 이수하도록 하는 학교들이 있다. 1학년세미나 교과목의 내용은 각 학교들의 교육목표에 따라서 다양한 내용과 구성으로 운영된다.

운영 사례

사례 1: 미국 사우스캐롤라이나 대학 1학년세미나

미국의 First-Year Experience Award 프로그램인 사우스캐롤라이나 주립대의 1학년세미나는 다음과 같은 형식과 내용으로 운영되고 있다.

수업규모	소그룹(20-25명), 3학점, Letter grade 부여
담당교수	1학년 교육에 관심있는 전임교수나 학사지도교수
수업주제와 내용	1. 기본학습기술: 에세이 및 노트작성법, 주교재와 부교재 읽기, 의사소통 2. 정보의 활용: 도서관과 정보 수집, 평가, 적용 3. 대학생의 생활: 건강관리, 음주 및 약물, 성문제 4. 진로설정: 자기이해, 진로탐색과 계획 5. 지역사회 봉사

사례 2: 연세대학교 1학년세미나 YONSEI RC101

1학년 교육에 필요한 주제를 지정하여 담당 학사지도교수가 운영하며, 각 학과별로 개설된다. 연세대학교 1학년세미나의 특성과 수업내용은 다음과 같다.

수업규모	25~70명(학과별 단위)
담당교수	1학년 담당 학사지도교수
수업내용	1. '대학' 그리고 '연세' 이해하기 • 대학에 왜 왔는가? • 연세정신 • 대학과 고등학교의 차이
	2. 대학교육을 통해 나는 어떻게 변할까? • 대학생의 변화와 발달 • 대학에서 발전시켜야 할 역량들
	3. 대학에서 뭘 배우나? 어떻게 배워야 하나? • 자신의 전공에 대한 이해 • 학습 노하우 • 교양교육의 가치, 지식과 역량, 좋은 강의 구별법 • 성공적인 배움 전략
	4. 대학생의 윤리 • 학습윤리와 RC 환경의 생활윤리
	5. 대학생의 인간관계 • 젠더감수성 • 성인으로서 변화하는 인간관계에 대한 이해
	6. 교내외 다양한 프로그램과 교육자원을 어떻게 활용할 것인가? • 교육자원과 제도에 대한 이해
	7. 대학생활 설계하기 • e-portfolio 작성 및 발표

교육적 효과

1학년세미나를 통해 학생들에게 입학 이후 시기별로 반드시 필요한 학사정보와 학교의 교육목표 등을 지도하고 대학에서의 성장과 공부를 위해 필요한 내용을 공유할 수 있다. 그리고 소그룹 단위 또는 학과나 지정된 단위의 정기적인 만남을 통해 학생간, 학생-지도교수간 긴밀한 유대관계를 형성할 수 있다. 특히 교과목으로 운영하고 학점을 부여하며 졸업요건 등으로 지정한다면 학생들의 보다 성실한 참여를 유도하고 의도한 교육의 효과를 가장 잘 이끌어 낼 수 있다.

진로개발 프로그램

개요

진로개발은 대학생활과 학업의 방향을 설정하는 데 있어 긴밀히 연관된 영역으로서, 진로탐색과 진로계획의 수립, 이의 실행을 지원하는 것은 학사지도의 핵심 주제 중 하나이다. 진로개발은 자신의 삶에 다양한 측면이 있음을 이해하고 이에 대한 고려를 하면서 동시에 사회적인 상황을 이해하고, 자신이 원하는 바를 숙고하며 이것을 이루기 위한 방안들을 계획하고, 실행하며, 그 결과에 따라 조정을 거치는 과정이라고 할 수 있다. 이미 진로를 확정한 학생들에게도 자신의 결정이 충분한 자기이해와 외부정보를 고려한 뒤 내려진 것인지 확인하는 과정이 필요하며 학사지도가 이러한 차원에서 진로개발 프로그램을 통해 유용한 정보와 경험을 제공할 수 있다.

여기에서는 학사지도에서 시행하는 진로탐색과 진로준비 교육을 위한 고효과 프로그램 중에서 Resume 워크숍, Job Shadow Program, 그리고 Career Tour를 소개하고자 한다. Resume 워크숍은 학생 스스로 자신의 교육경험, 사회경험을 포함한 다양한 경험들을 브레인스톰 하고 그 내용을 1~2장에 효과적으로 요약하도록 해봄으로써 진로준비를 위한 자기이해를 도모하는 프로그램이다. Job Shadow Program은 대학생들이 1~2일동안 관심 직종의 업무 현장을 관찰(필요에 따라서는 참여)함으로써 해당 직업이나 직무에 대한 이해를 높일 수 있는 체험형 교육프로그램이다. Career Tour는 학생들이 그룹으로 관심 기관이나 기업을 방문하여 해당 기관과 기업의 인재 선발 과정을 이해하고 선발된 인재들이 어떤 환경에서 어떻게 근무하고 있는지를 살펴보는 교육프로그램이다.

이러한 진로개발 프로그램들을 유기적으로 묶어 진로개발세미나 교과목의 형태로 운영할 수도 있다. 진로개발세미나는 지속성을 가지고 체계적으로 진로관련 교육기회를 제공할 수 있고, 수업의 형태로서 학점이 부여되기 때문에 학생들이 성실하고 책임감있게 진로개발 프로그램들에 참여할 수 있도록 유도할 수 있는 장점이 있다.

운영 사례

사례1: Resume 워크숍

Resume 워크숍의 주된 내용은 프로그램에 참여한 학생들에게 Resume 개발에 대한 전반적인 교육을 실시한 뒤, 개별 또는 그룹으로 구성하여 실제 Resume를 작성할 수 있도록 교육하는 것이다. 이때 학사지도교수는 워크숍에 참여한 학생들이 Resume의 의미를 이해하고, 기본적인 Resume의 틀을 기반으로 본인의 Resume를 작성할 수 있도록 적절한 개별적 피드백을 제공한다. 학생들은 Resume워크숍을 대학생활에서의 경험들을 일목요연하게 정리하여 자신의 강점, 관심사 및 가치를 파악할 수 있는 기회로 활용하고, 향후 해야할 일과 발전시켜야 할 부분에 대한 이해를 할 수 있다. 워크숍의 규모는 학사지도교수 1명당 약 10 ~ 15명의 학생이 적당하며, 개별 또는 그룹 활동이 가능한 강의실 공간을 마련하는 것이 중요하다.

적정인원	10-15명
내 용	• 1단계: Resume은 무엇이며 실제 구성 내용에 대한 사전교육실시 • 2단계: 개별 Resume을 작성하고 교수 및 동료에게 피드백을 통해 수정 보완 • 3단계: 개별 Resume 완성
기대효과	1. 지금까지 경험했던 내용들을 일목요연하게 정리 가능 2. 본인의 강점, 관심사 및 가치를 파악할 수 있는 기회 마련 3. 향후 해야할 일과 발전시켜야 할 부분에 대한 이해를 기반으로 구체적인 계획 수립

사례2 : Job Shadow Program

Job Shadow Program은 진로준비를 하고 있는 대학생들이 멘티로서 1~2일동안 사회생활을 하고 있는 멘토의 모습을 관찰(필요에 따라서는 참여)함으로써 실제 직업이나 직무에 대한 이해를 높이고 궁극적으로 진로준비에 도움을 받을 수 있도록 하는 체험형 진로교육 프로그램이다.

멘토와 멘티는 일대일 매칭이 기본이지만, 상황에 따라서는 멘토 1명당 멘티 2-3명으로 구성하는 것도 가능하다. 멘토는 대학 졸업 후 재직 경험이 평균3년 이하인 사회 초년생들으로 구성하여, 후배들의 진로준비 어려움에 공감할 수 있고 이에 관한 구체적 조언을 할 수 있는 대학선배들로 선발하는 것이 좋다. 멘티는 대학생 중에서 충분한 자기이해를 갖추고 희망하는 진로 또는 직무에 대한 실제적인 정보를 원하는 학생들을 대상으로 학사지도교수가 직접 평가하여 선발하는 것이 좋다.

적정인원	멘토 1명당 1-2명 멘티
내 용	• 1단계: 희망하는 직무나 직종에 따라 멘토 멘티 1:1 매칭 • 2단계: 멘티가 매칭된 멘티에게 직접 연락하여 1일(또는 2일) 체험프로그램 일정을 조율하고 참여 • 3단계: 체험프로그램 일정 종료후 피드백 및 마무리
기대효과	1. 실제 직업이나 직무에 대한 이해 제고 2. 희망하는 직무 또는 직업의 진로준비에 실질적인 도움 제공

사례 3: Career Tour

Career Tour는 관찰형 진로교육 프로그램으로서, 진로준비를 하는 대학생들이 그룹으로 기관이나 기업 등을 방문하여 실제 업무에 대한 이해, 업무환경에 대한 이해, 그리고 졸업 후 해당 기관 또는 기업에서 일하기 위해 무엇을 준비해야 하는가에 대해 현장감 있는 정보를 수집하고 실제적인 진로준비 조언을 얻을 수 있는 교육프로그램이다.

프로그램을 기획 운영하는 학사지도교수는 사전에 기관이나 기업 대상의 Career Tour 네트워크를 구축하여 해당 기업의 담당자와 협의하여 구체적인 방문 프로그램을 구성한다. 또한 Career Tour에 참여할 학생들을 선발하고 이들에 대한 사전교육을 실시하여 Career Tour 의 교육적 효과를 높인다. 참여 학생 규모는 10-12명 정도가 적절하며 대략 4-5일 동안 매일 1-2개의 기관이나 기업을 방문할 수 있다.

적정인원	10–12명
내 용	1단계: Career Tour 네트워크 구축 및 참여학생 선발 2단계: 선발된 학생 대상 오리엔테이션 및 Career Tour 참여 3단계: Career Tour 종료 후 피드백 및 마무리
기대효과	1. 기관/기업의 실제 업무에 대한 이해, 업무환경에 대한 이해 도모 2. 해당 기관/기업 구직활동을 위해 대학생으로서 무엇을 준비해야하는가에 대한 정보와 실제적인 진로준비 조언 취득

교육적 효과

진로개발 프로그램에 참여한 학생들은 진로개발 관련 구체적인 아이디어 취득, 비슷한 진로를 희망하는 학생들과 동료그룹 형성, 막연했던 진로준비 관련 구체적인 정보 취득과 함께 동기부여 등의 경험을 얻을 수 있다. 이러한 프로그램들은 학생 스스로 나는 누구이며, 무엇을 하고 싶은지, 내가 생각하는 진로에 대한 비전과 실제 준비과정은 어떻게 되는지, 그리고 실천가능한 진로계획을 어떻게 수립하면 되는지를 다룸으로써 학생들이 자기이해와 진로에 대한 이해를 기반으로 진로개발을 실행에 옮길 수 있다.

학사지도 수업계획서

개요

학사지도 수업계획서(Academic Advising Syllabus)는 학사지도를 대학 교육과정 속에서 체계화하고 그 내용을 효과적으로 가시화할 수 있는 도구이다. 학사지도 수업계획서는 일반 교과목 수업계획서와 마찬가지로 교육목표와 대상, 교육 내용과 과정을 담고 있다. 학생들은 학사지도 수업계획서를 통해서 학사지도를 대학의 교육과정으로 이해하고, 성공적인 대학생활을 위해서 구체적으로 어떻게 학사지도를 활용할 수 있는지를 이해하게 된다. 학사지도 수업계획서를 구성할 때에는 학사지도의 목표인 '학생들의 성공적인 학업 수행 및 대학생활'이 학사지도의 과정과 각 대학이 가진 교육의 미션과 비전, 교육이 지향하는 가치, 교육목표와 연결될 수 있도록 작성하여야 효과적이다. 이처럼 작성된 수업계획서는 학사지도 초기에 모든 대상 학생들에게 제시하고, 개별 면담 또는 1학년세미나에서 활용 가능하다.

학사지도 수업계획서 작성 단계

단계	내용
1. 협의 단계 : 학사지도의 목표와 교육과정에 대하여 협의함	• 학사지도의 목표가 전체 대학의 교육비전에 부합하는가? • 학생의 학업과 학교생활에 학사지도는 어떻게 기여하는가? • 학생의 학업과 학교생활에는 어떤 내용을 포함하고 있어야 하며, 대학에 대해 기대하는 수준을 어떻게 설정해야 하는가? • 학생의 학업과 학교생활에 미치는 학사지도의 효과를 어떻게 평가할 수 있는가?
2. 내용 구성 단계 : 이전 단계에서 합의된 내용을 바탕으로 구체적인 수업계획서를 구성함	• 학사지도를 통해 배울 수 있는 내용(고등교육의 목적과 목표 이해, 성공적인 대학생활을 계획하는 방법, 대학생활 설계와 실행, 다양한 학내외 자원에 대한 접근, 졸업 후 삶에 대한 준비) 제시 • 학사지도에 임하는 학생의 책임 • 학사지도 관련 연간 일정표에 따른 반드시 수행하야할 일 내용
3. 작성 단계	이전 단계에서 정리된 내용들을 효과적으로 전달할 수 있도록 실제 학사지도 수업계획서를 작성함.

학사지도 수업계획서 사례

Academic Advising Syllabus

Mission Statement for Academic Advising

Academic Advising at UIC advocates for student success through purposeful academic guidance and community building. Academic advisors assist students in the development and implementation of meaningful education plans that are compatible with their long-term life goals.

Through Academic Advising, you will be able to achieve:

- Creation of an education/career/life plan based on values, interests & strength
- Smooth transition into university student life
- Building & Committing to a self-regulated study plan
- Awareness & Utilization of UIC & Yonsei Univ.'s multicultural learning community & resources

Academic Advising is a collaborative process among Academic Advisors, Faculty Advisors and you.
Various Advising Resources are available including:

- Advising by face-to-face meetings in individual and group settings with Academic Advisors & Faculty Advisors
- Web-based advising via Yonsei Portal & Academic Advising homepage
- Career Path-based Interest Group Advising
- Major Exploration Seminars
- RC101 & RC102 Freshmen Courses (starting 2013)
- Guidebooks & Resources for College & University-wide resources

Academic Advisor Responsibilities

- Provide a safe, respectful and confidential space to ask questions, discuss your interests and express your concerns.
- Support & advocate for your academic and personal success at UIC.
- Be a point source for university programs, resources, policies & procedures.

Your Responsibilities

- Attend regular appointments and make regular contact with your advisor each semester.
- Be an active learner in the advising process by coming prepared to each appointment to discuss your goals, educational plans, questions and concerns in an honest and open manner.
- Clarify personal values/goals and provide your advisor with accurate information regarding your interests & strengths.
- Proactively gather all relevant decision-making information.
- Complete all "to dos" or recommendations from your advisor.
- Commit & execute an academic plan directed toward your educational & life goals.
- Become knowledgeable about college programs, policies & procedures.
- Accept responsibility for your decisions.

Recommended Calendar of Activities for Freshmen

Semester I

S1

Before School Starts · anticipate

- ☐ Activate your Yonsei email account.
- ☐ Registration for your 1st semester.
- ☐ Understand how your courses fit into major & graduation requirements.
- ☐ Check your class schedule prior to school starting.
- ☐ Verify the start date, end date and add/drop deadline for each class.
- ☐ Identify books, websites, study aides and classroom location for each class.
- ☐ Attend Orientation.

Start of the Semester · discuss & plan

- ☐ 1st week of classes.
- ☐ Make changes in your class schedule during add-drop week, if necessary.
- ☐ Make an appointment with your academic advisor to discuss academic/career/life goals and planning.

Think through:
- Bring an outline of courses you are interested in taking. What classes did you enjoy in the past?
- What majors/careers are you considering? Learn the specifics about your major requirements.
- Define short-term & long-term goals after reflecting on your values, interests, strengths and challenges.
  -Decide on an academic goal you would like to accomplish this semester.
  -Build a 4-Year Plan of Study & Model Resume.
- Describe the connection between your goals and your values, interests, strengths and challenges.
- What steps do you need to take now to achieve your goals?
- What resources can help you to reach your goal?
- What obstacles may be preventing you from reaching that goal?

- ☐ Sign-up for Major & Career Exploration Seminars & Events.
- ☐ Meet with your professors & faculty advisors during office hours.
- ☐ Connect with Peer Mentoring & Tutoring programs.
- ☐ Join extra-curricular activities & student organizations you would be interested in.
- ☐ Learn about college & university-wide resources you could utilize.
- ☐ Take 1st Year Survey I.

Mid-Term Exams · gear-up

- ☐ Prepare for Mid-Term Exams.
- ☐ Talk to your academic advisor if you are having difficulty adjusting to your new environment or having study-related difficulties.
- ☐ Connect with tutoring for hands-on help on how to prepare for mid-term exams.
- ☐ Predict your GPA for your 1st semester.
- ☒ Expect to hear from your academic advisor if you have received an academic status review from a class.

After Mid-Term Exams & Before Final Exams · evaluate

- ☐ Look back to your goal planning at the start of the semester.
- ☐ Evaluate the classes you are currently taking and plan to take in your 2nd semester.

Think through:
- What classes are you enjoying now?
- What are some of the majors you are thinking about?

Final Exams · accelerate

- ☐ Prepare for Final Exams.
- ☐ Connect with tutoring for hands-on help on how to prepare for finals.
- ☒ Expect to hear from your academic advisor if you have received an academic status review from a class.

School Break · double-check

- ☐ You made it through your 1st semester of college!
- ☐ Register for your 2nd semester.
- ☐ Ensure your schedule for your 2nd semester is aligned with your academic/career/life goals.
- ☐ Check your class schedule prior to school starting.
- ☐ Verify the start date, end date and add/drop deadline for each class.
- ☐ Identify books, websites, study aides and classroom location for each class.
- ☐ Keep in touch with your academic advisors & faculty advisors.

교육적 효과

학사지도 수업계획서를 통해 학생들은 개별면담, 또는 전체 학사지도의 초기부터 학사지도의 목표와 함께 학사지도를 대학 교육의 과정으로 이해할 수 있다. 학사지도교수들은 학사지도 수업계획서를 작성하면서 학사지도교수 그룹내에서 학사지도를 통해서 어떤 교육을 할 것인지에 대한 협의를 이끌어 낼 수 있다. 또한 학생과의 면담 과정에서 학사지도 수업계획서를 확인하고 학생의 교육과 대학생활 수준에 대한 피드백과 함께 구체적인 새로운 실천계획을 세우도록 교육할 수 있다.

대학생활정보집

개요

대학생활정보집(College Handbook)은 학생들이 필수적으로 알아야 할 대학의 여러가지 제도, 대학의 자원, 대학생활 팁 등을 모아놓은 학생 핸드북이다. 일반적으로 대학교 홈페이지에 대부분의 정보가 탑재되어 있지만, 학생 입장에서는 전체적인 정보들과 그 구성을 개괄하고 이해하기에는 다소 어려움이 있다. 대학에 막 입학한 신입생에게 대학생활정보집은 이러한 어려움을 극복하는 데에 효과적이다. 특히 학사지도교수가 대학생활정보집의 기획과 제작에 참여함으로써 보다 학생들에게 효용이 높은 컨텐츠를 구성하고 내실을 기할 수 있다. 책자 제작 비용과 휴대성 등을 고려할때, 어플이나 e-book 형태의 제작도 고려해 볼 수 있다.

구성 내용

대학생활정보집에 필요한 내용은 다음과 같다.

① 대학에 대한 소개, 교육목표 등

② 대학총장과 발행기관장의 인사말

③ 주요 학사일정

④ 주요 학사정보와 제도

· 졸업요건, 교양교과 이수 원칙

· 수강신청 관련 정보

· 복수전공 및 학칙 관련 정보

⑤ 대학내 주요 시설과 장학금, 학생복지 제도, 자원에 대한 소개

⑥ 도서관 이용 및 정보검색방법

⑦ 학교 주변 주요 시설

⑧ 대학생활에 도움이 되는 주요 웹사이트(학생추천 사이트 포함)

⑨ 색인

교육적 효과

대학생활정보집은 학생들이 대학생활에서 놓치지 말아야 할 정보를 체계화하여 제공함으로써 학생 스스로 필요한 정보를 확인하거나, 어디에 문의해야 할 지 알 수 있다. 학사지도 세션에서 학사관련 정보나 교양교육 체계, 졸업요건, 각종 자원을 설명할 때 유용하게 활용될 수 있다. 그리고 편집과 대학생활 팁 구성에 재학생을 참여시킴으로써 학생들이 공유하는 유용한 정보를 학생의 눈높이에 맞게 제공할 수 있다.

외국인 학생을 위한 입학 전 프로그램

개요

해외에서 중등교육과정을 이수한 외국인 및 재외국민 학생들도 최근 한국 대학들의 주요 입학생 그룹 중 하나이다. 이 학생들은 교과과정 차이에서 오는 어려움과 함께 한국과 출신국가의 문화적 차이에 대한 적응도 해야 하며, 대개의 경우 한국어능력 부족에서 오는 소통의 어려움도 겪고 있다. 이 학생들이 성공적으로 한국과 소속 대학에 정착할 수 있도록 지원하는 것은 많은 대학들의 과제 중 하나일 것이다. 학사지도시스템을 통해 이 학생들을 대상으로 특화된 적응 지원 프로그램을 운영할 수 있다.

운영 사례

외국인 학생을 위한 입학전 세미나

① 한국어 소통기회를 부여하고 친밀감과 네트워크 형성을 위해 세미나 형태의 소규모 소통형 프로그램으로 구성. 외국인 신입생 20명 내외, 같은 전공이나 단과대학별로 분반 구성하되 각 분반별로 지도교수 1명, 재학생 선배 3명 내외 (외국인 재학생 포함 필수)

② 입학전 2~3일 동안 1학점 정규 교과과정에 준하는 약 16시간 집중 프로그램으로 운영

- 문화의 차이 이해, 대학문화의 이해, 서로 친해지기

• 대학공부에 대한 이해: 학습법과 유용한 팁, 자료 찾는 법 등

• 앞으로의 대학생활에 대한 계획세우기

• 입학 대학의 특징적인 프로그램 체험하기 등

③ 프로그램 운영을 위한 지도교수 미팅과 재학생 조교 사전 교육 필요

④ 일정, 각 프로그램 내용을 담을 소책자를 교재로 활용

⑤ 외국인학생들이 미숙한 한국어에 부담을 느끼지 않고 적극 참여할 수 있는 분위기 조성이 중요

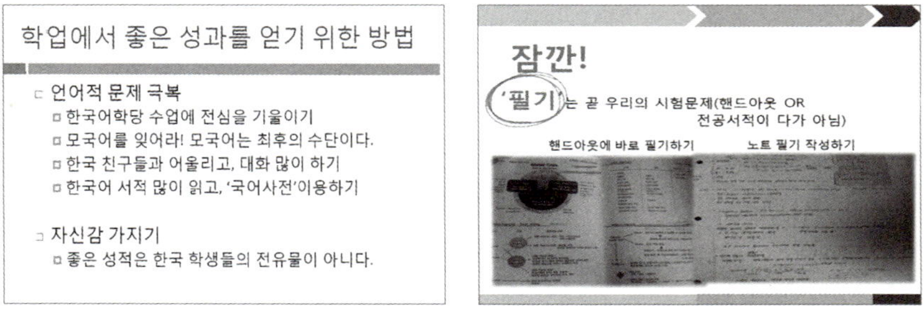

[그림 7] 외국인 학생을 위한 입학 전 세미나 교재 중 일부 발췌

교육적 효과

외국인 학생을 위한 입학전 프로그램은 이들이 보다 안정적으로 한국의 대학생활에 안착할 수 있는 기반 조성에 유용하게 활용될 수 있다. 이 프로그램은 외국인 학생들이 한국의 대학시스템과 개별 대학의 문화에 대한 사전지식을 가지고 대학생활에 임할 수 있도록 지원하여, 막연한 불안감 해소와 초기 적응에 도움을 준다. 특히 외국인학생들이 상대적으로 접하기 어려

운 재학생 선배들이 주는 대학공부에 대한 기본적인 기술과 정보, 대학생활 팁을 취득하는 기회가 될 수 있다. 그리고 외국인 학생들 사이에 네트워크가 형성되어 서로 지지 그룹이 될 수 있으며, 참여한 한국인과 외국인 선배와의 네트워크도 만들어 질 수 있다. 또한 한국인 재학생들도 이 프로그램에 참여하면서 한국의 문화와 대학문화에 대한 타인의 시각을 이해하게 되는 교육효과도 기대할 수 있다.

학습공동체

개요

국외대학 특히 미국대학의 경우 학습공동체(Learning Community)에 대한 관심이 매우 높다. 국외문헌이나 학술대회 발표자료 등을 보면 신입생들에게 학내에 친근한 인간관계를 형성하여 재학율을 높이고, 학생들 간에 학업을 중심으로 상호작용을 촉진할 수 있는 고효과 프로그램으로서 빠지지 않고 학습공동체가 등장한다. 한국의 경우에는 입학전부터 대개 학생회 주축의 오리엔테이션과 새내기 새로배움터 같은 행사가 진행되어 학생들이 소속감을 가지고 대학생활을 시작하는 편이며, 선후배 관계를 통해 수강신청이나 학교생활 팁을 얻을 수 있는 기회가 많다. 그리고 같은 학과의 필수교과목을 같은 시간에 배정하는 경향도 이미 형성되어 있는 편이다. 따라서 국내에서 학습공동체에 대한 관심이 증가하는 것은 소속감과 재학율을 높이려는 목적보다는 학생들 간에 학업을 중심으로 상호작용을 촉진하며, 협업과 소통을 배울 수 있는 장으로서의 고려 때문일 것이다. 이러한 의미에서 학습공동체의 필요성은 다음과 같다.

◌ '학문과 탐구' 중심의 대학경험 중요성

최근 학생들의 비교과 활동 경향은 자발적 탐구와 학문경험 활동들이 위축되고 고시, 전문대학원 준비 스터디, 공기업 시험, 입사용 스펙 쌓기 위주의 활동이 주류를 이루고 있어서, 학문 탐구 경험을 중심에 놓는 학생 커뮤니티와 프로젝트가 필요하다.

② 통합적 교육기반 마련의 필요성

이제는 학제간(Inter-disciplinary)을 넘어서, 학문 가로지르기(Trans-disciplinary)를 통해 급변하는 인간과 환경에 대한 개념을 새롭게 이해하고 이를 통한 새로운 통찰의 요구가 높아지고 있다. 학습공동체를 통해 다양한 배경의 학생들이 모여 학제간/통합적 사고가 필요한 주제를 함께 공부하고 소통하는 훈련을 할 기회를 가질 수 있다.

③ 교수-학생간 공동기획과 진행의 능동적인 참여 경험 제공

학생과 지도교수가 함께 공부할 세부주제, 공부할 교재 및 자료, 학업일정, 초청강사, 기타 필요한 연구활동 등을 구상하고 학생-학생, 교수-학생간 피드백을 주며 결과물을 산출하는 경험의 장이 될 수 있다.

④ 균형 잡힌 성장을 위한 과외활동의 장 제공

특히 대학 신입생이 할 수 있는 과외활동은 주로 학과 활동과 동아리이며, 대체로 친목도모와 인간관계 형성 또는 취미활동 쪽에 치우쳐 있다. 또한 인턴십, 공모전, 전문학회 등은 고학년을 대상으로 하는 경우가 대부분이다. 학습공동체 활동은 신입생 시절부터 대학에서의 공부를 중심으로 교과목 스터디 부터 프로젝트성 과외 활동에 이르는 경험을 가능하게 한다

운영 사례

규모	팀당 5~10명
지도교수 역할	• 주제 선정 및 활동에 대한 모니터링, 조언
주제	대학에서의 학업과 관련된 자유주제
활동(예시)	1. 지도교수-회원이 함께 세부 주제, 공부할 자료, 일정 등 구성 2. 정기 모임시간 결정, 모임 시작 3. 활동내용 • 책/자료를 읽고 인터넷 클럽게시판에 독서노트와 에세이 올림 • 모임시간에는 각자의 에세이나 발제에 대한 논의 진행 • 한 학기 진행된 내용을 보고서로 정리하고 최종 발표회 개최 4. 전제척인 관련 소규모 특강, 간담회 등을 개최
학생 혜택(예시)	• 모임 가능한 장소(강의실) 섭외, 지도교수 배정, 보고서 책자 발간 • 우수 보고서에 대한 시상 • 간담회, 특강 요청 및 참여

교육적 효과

학생 스스로 관심 주제와 연구 계획 수립, 연구 수행, 연구 보고의 전 과정을 수행함으로써 자기주도적인 학습능력을 기를 수 있다. 그리고 학생-학생, 학생-교수가 포함되는 학습 네트워크를 형성하는 기회가 된다. 대학내 학습공동체 프로그램을 구성할 때 프로젝트 보고서 출간과 결과 발표대회 등을 개최하면 학생들이 자신의 활동에서 가시적인 성과를 도출하는 경험도 가질 수 있다.

또한 교수들이 학생과 함께 소규모로 공동 학습활동에 관여함으로써, 보다 친밀한 교육기회를 가지고 이러한 교육기회와 학생과의 소통경험을 다시 학생교육과 지도에 반영할 수 있는 계기로 삼을 수 있다. 그리고 교과과정 외에 다양한 학습활동의 장이 마련됨으로써, 학생들의 대학에 대한 소속감과 만족도 향상에 기여할 수 있다.

마치며: 학사지도시스템 구현을 위한 조언

"나와 동료 교수들은 약 1,600여 명의 하버드대학 학부생들을 인터뷰하였다. 그리고 약 100여 개의 대학을 방문했다. 어떤 대학은 입학 조건이 매우 까다로웠고, 어떤 대학은 수월했다. 대부분의 학교는 그 중간이었다… 교수와 학생들이 공통적으로 지적한 가장 큰 어려움은 적절한 학사지도를 제공하고 제공 받는 것이었다. 사실 학사지도는 성공적인 대학 교육경험에 있어서 가장 저평가된 부분이다"

Richard Light, 2001

한국 대학은 지금껏 경험해보지 못한 시대를 맞이하고 있다. 학령 인구 감소에 따라 대학간의 경쟁은 더욱 치열해지고 있으며, 빠른 속도로 국제화 되는 고등교육환경으로 인해 학생들의 국가간 이동도 어느 때보다 활발하다. 또한 기술의 발전으로 인한 사회의 변화는 학생들을 어떻게 가르치고 준비시켜야 할지 고민하게 한다. 현장에서 매일 학생들을 만나며 교육자로서 학생들에게 지금 어떻게 무엇을 가르쳐야 할지 혼란스럽기조차 하다. 그렇지만 이럴 때일수록 대학교육 본연의 가치를 끊임없이 상기하며 교육의 목적이 무엇인지, 어떻게 하면 더 잘 가르칠 수 있을지에 대해 심도 있는 논의가 필요하리라 생각한다.

학사지도는 학생의 교육 경험에 긍정적인 영향을 끼치는 가장 중요한 요소 중 하나이다. 학사지도를 통해 학생은 강의실 밖에서 교수나 학사지도 전문가와 관계를 맺으며 이를 통해 강의실 안과 밖의 경험을 유기적으로 연결하여 개인의 성장을 도모할 수 있게 된다. 강의실에서 이뤄지는 정형화된 교육과는 다르게 인식되지만, 학사지도는 교육이 효과적으로 이루어질 수 있도록 하는 교육을 위한 교육이다. 또한 학사지도는 학생들로 하여금 학교가 운영하는 다양한 자원과 기관의 활용을 촉진하는 역할을 담당함으로써 이러한 자원과 기관의 활용도와 효율을 높일 수 있다.

현재 운영중인 학사지도시스템을 개선하거나 새로 도입하고자 하는 경우, 학사지도의 효과를 극대화하기 위해서는 학사지도의 가치와 의미를 교내 구성원들이 제대로 이해하고 이의 필요성에 대한 공감대 형성이 필수적이다. 개별 학교가 역할을 맡긴 학사지도전문가를 학생의 성장과 발전을 위해 필수적인 구성원이자 교육 파트너로 인식하는 동시에, 학사지도를 전문영역으로 규정하고 권한과 책임을 명확히 부여해야 한다. 아프리카 속담에 "한 아이를 키우려면 온 마을이 나서야 한다"는 말이 있다. 대학에서 학생 하나를 교육시키는 것은 특정 교수와 소수의 행정가가 하는 일이 아니다. 대학교육은 집합적 노력인 동시에 협업의 결과물이다. 학사지도도 대학이 학생을 위해 기울이는 노력의 한 부분이며 교내 구성원들과 유기적으로 학사지도가 진행될 수 있도록 정서적 공감대와 제도적 틀을 갖춰야 한다. 아울러 어떤 수준의 학사지도를 제공하고자 하는지에 관한 명확한 정책적 판단과 가이드라인이 제시되어야 한다. 이에 따라 학사지도의 형태와 모델을 결정하게 될 뿐 만 아니라 재원 투자의 범위와 한계를 가늠할 수 있기 때문이다.

학사지도교수는 개별 대학의 교육철학과 지향하는 가치를 최전방에서 학생들에게 인지시키며 구현될 수 있도록 촉진시키는 채널인 동시에 학생들과의 만남을 통해 학교를 대표하는 역할을 맡는다. 따라서 학사지도교수를 선발하여 시스템을 구축하고자 한다면 무엇보다 개별 대학의 교육 철학에 대해 충분한 이해를 가지고 공감하는 동시에 학사지도의 목표를 정확히 인지하고 있는 사람을 선발하는 것이 중요하다. 학사지도교수는 학교를 대표하여 학생과 긴밀한 접촉을 하는 주체이며 학생들은 이들과의 만남을 통해 소속된 학교를 경험하게 되기 때문이다.

학사지도는 학생들이 교육의 의미를 성찰하고 인지하여 적극적 학습자로 성장할 수 있도록 교육하는 것이다. 그 어느 때보다 사회적, 경제적으로 큰 변화 앞에 놓여 있는 지금, 대학이 교육이라는 본연의 임무를 수행하고 이를 한 차원 향상시키는 데에 있어서 학사지도가 기여할 수 있는 바가 매우 크다. 필진들의 부족함으로 인해 대학교육에서 학사지도의 역할과 그 가능성을 모두 담아내지 못한 아쉬움에도 불구하고, 이 책을 통해 학사지도가 제대로 된 평가를 받고 한국 고등교육 현장에서 정착되는데에 도움이 되기를 소망해 본다.

참고문헌

강예지, 김미현 (2017). 귀국 대학생의 구직 경험에 대한 질적 사례 연구. *진로교육연구*, 30(3).

고홍월 (2017). 조기 진로 목표 결정 대학생의 진로 재탐색-재결정 과정 분석. *상담학연구, 18(1).*

권은정 (2019). 대학입학전형 종류에 따른 대학생활적응의 종단적 변화 추이, 성균관대학교 석사논문.

김수연 (2012). 대학 학업중단 여부에 영향을 미치는 1학년 적응 과정 분석 - 대학 중도탈락생의 이동 경로 구조 기초 연구. 진로교육연구, 25(3), 139-160.

금명자, 남향자 (2010). 전국 대학신입생의 대학생활 기대 및 정신건강. *인간이해*, 31(1), 105-127.

김현상 (2012). 국내대학의 국제화 교육 실태 분석. *교양교육연구*, 6(1), 211-240.

나민주 외 (2010). *국립대학교 교원 업적평가 현황 분석 연구*, 교육과학기술부.

도경선, 김현상, 김미현 (2018). 전문 학사지도시스템을 통한 교양교육에 대한 인식 개선: 연세대학교 1학년세미나 "YONSEI RC101"을 중심으로. *교양교육연구* 12(1), 185-203.

배상훈 (2018). 잘 가르치는 대학 진단도구, *The 5th International Forum on Innovation in Higher Education 자료집*, 성균관대학교 대학교육혁

신센터.

배상흔 외 (2015). 한국 대학생의 학습참여 진단을 위한 미국 NSSE 모델 도입 및 타당화. *아시아교육연구*, 16(4), pp 77-104.

송승원, 김미현, 강예지 (2018). 여대생의 진로성숙도 변화에 따른 잠재집단 분류 및 영향요인 탐색. *학습자중심교과교육연구*, 19(10).

신의항 (2011). 미국대학의 1, 2학년을 위한 학사지도. *교양교육연구*, 5(1), 67-134.

이원경 외 (2008). 1학년세미나의 발전방안 연구 - 연세대학교 사례를 중심으로. *교양교육연구 2(1)*, 185-207.

이지영 (2005). *대학신입생세미나 운영사례 및 효과성 연구*, 연세대학교 석사논문.

이재열 (2018). *대학입학유형에 따른 대학생의 대학생활적응도, 그릿, 마인드셋에 관한 차이분석 연구*, 경기대학교 석사논문.

조규판, 장은영 (2010). 대학생의 내 외 동기, 전공몰입, 지연행동이 진로탐색 행동에 미치는 영향. *진로교육연구*, 23(4), 211-228.

홍지인 (2017). *대학생의 사회경제적 배경과 고효과 프로그램 참여가 학습성과에 미치는 영향*, 성균관대학교 박사학위논문.

American College Health Association. American College Health Association-National College Health Assessment II: Reference Group Executive Summary Spring 2018. Silver Spring, MD: American College Health Association; 2018.

Barron, K. & Powell, D. (2014). *Academic Advising: A Handbook for Advisors and Students; Volume 1: Models, Students, Topics, and Issues,*

Chapter: Options on How to Organize and Structure Advising, Society for the Teaching of Psychology. Editors: R. L. Miller & J. G. Irons, 14-23.

Berry, J. W. (2005). Acculturation: Living successfully in two cultures. *International Journal of Intercultural Relations*, 29(6), 697-712.

Bushnell, D. S. (1990). Input, Process, Output: A Model for Evaluating *Training. Training and Development Journal, 44(3)*, 41-43.

Creamer, D. G. (2000). Use of theory in academic advising. In V. N. Gordon and W. R. Habley (Eds.), *Academic advising: A comprehensive handbook*, San Francisco, A: Jossey-Bass.

Drake, J., Jordan, P., & Miller, M. A. (2013). *Academic Advising Approaches: Strategies That Teach Students to Make the Most of College*, John Wiley & Sons.

Gordon, V. N., Grites, T. J., Wesley R., & Habley, W. R. (2008). *Academic Advising: A Comprehensive Handbook*, John Wiley & Sons.

Gordon, V. N. (1994). Developmental Advising: The Elusive Ideal. *NACADA Journa*l, 14(2).

Habley, W. R. (1983). Organizational Structures for Academic Advising: Models and Implications. *Journal of College Student Personnel*, 24(6), 535-540.

Harvard Magazine. (Feb. 2015). General Education Review Committee Interim Report. http://harvardmagazine.com/sites/default/files/FAS_Gen_Ed_Interim_Review.pdf에서 2019년 6월 24일 인출.

Kimball, E., & Campbell, S. M. (2013). Advising Strategies to Support Student Learning Success: Linking Theory and Philosophy with Intentional Practice. *Academic Advising Approaches: Strategies that teach students to make the most of college*. Jossey-Bass.

Kirkpatrick, D. (1994). *Evaluation Training Programs: The Four Levels*, San Francisco: Berrett-Koehler.

Kolb, d. (1999). *Experiential Learning: Experience as a Source of Learning and Development*, Englewood Cliffs, NJ: Prentice Hall.

Kuh (2018). What Matters to Student Success: The Promise of High-Impact Practices, *The 5th International Forum on Innovation in Higher Education 자료집*, 성균관대학교 대학교육혁신센터.

Light, R. (2001), *The Power of Good Advice for Students*, The Chronicle of Higher Education, 47(25), B11.

Lowenstein (2005). If Advising is Teaching, What do Advisors Teach? *NACADA Journal 25(2)*, pp 65-73.

Lowenstein (2015). General Education, Advising, and Integrative Learning. *The Journal of General Education: A Curricular of the Humanities and Sciences*, 64(2), pp 117~130.

Morella, M. (April 30, 2015). It's the End of College As We Know It (And I Feel Fine). U.S. News. https://www.usnews.com/opinion/knowledge-bank/2015/04/30/kevin-carey-explains-the-end-of-college-and-higher-educations-future에서 2019년 6월 18일 인출.

NACADA (2007). The Statement of Core Values of Academic Advising,

Academic Advising: New Insights for Teaching and Learning in the First Year, NACADA, 235-240.

Noel-Levitz (2013). *2013 student retention and college completion practices report for four-year and two-year institutions*, Coralville, Iowa: Noel-Levitz.

Pardee, C. F. (2004). Organizational Models for Advising. NACADA Clearinghouse. https://www.nacada.ksu.edu/Resources/Clearinghouse/View-Articles/Organizational-Models-for-Advising.aspx에서 2019년 6월 18일 인출.

Scott, L. A. & Hesterman, P. (1996). Advisers Develop, Too: Theory and Practice in the Development of Advisers, NACADA National Conference, Washington DC.

찾아보기

ㅍ

ㅎ